I häb scho döri

© 2014 Herausgeber: Druckerei Appenzeller Volksfreund, 9050 Appenzell
Alle Rechte für Verbreitung und auszugsweisen Nachdruck sind verboten.
AUTOR Migg Hehli-Bischofberger, Schwende
ILLUSTRATIONEN Migg Hehli-Bischofberger, Schwende
GESTALTUNG & DRUCK Druckerei Appenzeller Volksfreund, 9050 Appenzell
VERLAG Druckerei Appenzeller Volksfreund, 9050 Appenzell
ISBN 978-3-9524222-2-9

I HÄB SCHO DÖRI

DAS HARTE LEBEN DER NANN BEIM **ÄSCHER** UND **WILDKIRCHLI** UM 1900

AUTOR Migg Hehli-Bischofberger

Die Zeit zum Schreiben dieses Buches habe ich einer meiner vier Urgrossmütter gewidmet

– der Äscher Nann –

die es mit ihren 8 Kindern und 73 Jahren geschafft hat, das Spiel der Generationen auf einem Ast, dem Ast einer meiner beiden geliebten Grossmütter weiterzugeben. Das Buch schenkt einen Einblick in einen Teil «der guten alten Zeit» im Alpstein, in der die Uhren noch anders tickten.

Inhalt

Kapitel 1

1891

Der Tag der Heirat mit meinem geliebten Frenz

Schon sehe ich das Türmli vom Kurhaus Weissbad, gleich bin ich da. Ich kann meine Füsse kaum bremsen. In aller Eile tragen sie mich über das Dürrnäsli dem Weissbad entgegen. Und da stehe ich, im Hof des Kurhauses, als Erste da. Aber auch Frenz kommt jetzt schnellen Schrittes und frohen Gesichtes beim Kurhaus an. Zusammen gehen wir zur Postkutsche und steigen ein. Damit hatte ich überhaupt nicht gerechnet. Ich hatte mich eigentlich auf meinen letzten Fussmarsch als ledige Frau von Weissbad nach Appenzell eingestellt. Ich bin aber freudig überrascht, dass ich mit meinem Frenz in der Postkutsche sitze und freue mich noch mehr, als die Landschaft beim Blick durch das Fenster der Kutsche beginnt zu reisen.

« Wa get echt au da för e Reis,
die Reis i mini Zuekunft a de Siite vom Frenz? »

Die Häuser in der Waflen, die stattliche Sonne, die Felsenegg – alles zieht der Reihe nach an uns vorbei. Ein erstes Mal steht die Landschaft wieder still. Der Kutscher hält die Pferde in Steinegg an. Wir steigen natürlich noch nicht aus. Aber es steigt auch niemand ein, so dass wir die Fahrt weiterhin in trauter Zweisamkeit geniessen können. Zügig geht es weiter durch die herrlich verschneite Landschaft, vorbei an der St. Annakapelle und der Haggenstrasse entlang ins Dorf. Der «Schwarze Adler» bringt unsere Kutsche ein zweites Mal zum Stillstand. Der Kutscher öffnet uns die Tür zum Aussteigen. Schade. So hätte ich mit Frenz um die halbe Welt reisen können, aber wir haben ja ganz Anderes vor.

In der Metzgerei bei der Brücke über die Sitter wird wohl noch immer gearbeitet, denn es dampft dort in den kalten Winterhimmel. Wir bleiben, nicht nur wegen der Kälte, nicht lange stehen und gehen – fast ebenso strammen Schrittes wie die Pferde vorher – der Kirche entlang die Hauptgasse hinauf bis zur Wirtschaft Krone. Ich muss nur ein paar Stufen hinauf gehen und bekomme meine Bleibe für die nächste Nacht im ersten Stock in einem zwar kleinen, aber recht gemütlichen Zimmer, das noch etwas Wärme von der darunterliegenden Wirtschaft abbekommt. Sogar für einen Waschkrug hat es noch Platz in meinem Zimmer und auch ein Spiegel hängt an der Wand. Das ist gut, denn so kann ich morgen früh selber sehen, ob meine Schlappe richtig sitzt, geht es mir durch den Kopf. Ich lege die mitgebrachte Schachtel mit der Schlappe und den Rest meiner Tracht vorläufig einmal aufs Bett, denn anderswo hat sie keinen Platz und ein Schrank ist auch keiner vorhanden. Wie sieht's wohl bei Frenz im zweiten Stock droben aus? Mein Fenster eröffnet mir einen wunderschönen Blick auf den stattlichen Moritzenturm der Hoferkirche. Die Turmuhr zeigt mir, dass wir noch recht viel Zeit haben bis zu unserem Termin auf dem Zivilstandsamt.

Trotzdem klopft Frenz schon an meine Zimmertür. Er wolle, solange es noch hell sei, noch ein paar Schritte durchs Dorf tun, wenn wir schon einmal zusammen im Dorf seien. Ich bin ja wirklich gerne mit Frenz zusammen, aber...

« Wa denkid denn au d'Lüüt,
wenn me zwä wie Frönti dö d'Gass laufid? »

Und doch tut es mir im Herzen wohl, dass der Stolz und die Freude im Gesicht meines Frenz von allen gesehen werden kann. Mir selber

kann man wahrscheinlich nicht ansehen, dass ich ebenso stolz bin auf ihn, aber ich bin es. Ich bin es wirklich und kann es kaum erwarten, endlich unsere Trauzeugen vor der Kanzlei zu treffen.

Wie schnell das geht, bis man zivil verheiratet ist, das ist meine zweite Überraschung an diesem schönen Tag, und Frenz sorgt sogar noch für eine dritte. Zum Znacht gehen wir mit Gspiel und Gsell in den Löwen. Selten hat mir ein Rippli besser geschmeckt als das im Löwen – frisch zivil verheiratet. Es ist aber sicher nicht das Rippli und auch nicht das feine Kraut dazu, das mir nachher im Bett aufliegt. Ich kann und kann einfach nicht einschlafen – das ist vor lauter Aufregung. Schliesslich hat man ja nur eine einzige Nacht zwischen dem zivilen und dem richtigen Heiraten in seinem Leben.

Da kniee ich nun im Alter von 22 Jahren als Mittelpunkt vor dem Hauptaltar neben meinem Frenz und höre ihn deutlich ein lautes «Ja» sagen auf die Frage des Pfarrers, ob er mir denn fortan in guten und schlechten Tagen zur Seite stehen wolle. Der Pfarrer wendet sich an mich mit den gleichen Worten und der gleichen Frage, die ich ebenso kurz und klar, aber sicher etwas aufgeregter als Frenz beantworten kann

«Jo».

Ich gebe zu, dass meine Verliebtheit in Frenz vor allem die guten Zeiten vor Augen hat, die schlechten kann ich mir nicht so recht vorstellen. Lange habe ich auf diesen Tag gewartet und mir auch schon einige Vorstellungen von dieser neuen, anbrechenden, gemeinsamen Zeit gemacht. Schön, wunderschön stelle ich mir die Zeit mit Frenz vor und hoffe, dass sie weit länger dauern werde als Frenz spasseshalber immer sagt: Er sei jetzt das halbe Leben ledig gewesen und das reiche bei Gott.

Meiner Meinung nach darf diese gemeinsame Jugendzeit ruhig nur ein Drittel oder gar nur ein Viertel seines Lebens gewesen sein. Vor der gemeinsamen Schulzeit am Küchenrain bei Lehrer Fässler hatten wir uns kaum je gesehen. Doch dann brach eine gemeinsame, lehrreiche Zeit in der Schule an und wir waren von Beginn an beste Freunde. Frenz war in und nach der Schule immer zu Spässen aufgelegt und machte mir nicht nur mit seiner fröhlichen Art, sondern auch mit seiner Statur und seinem wachen Geist recht Eindruck. Frenz gefiel mir und ich suchte fortan immer wieder nach Gelegenheiten, etwas Zeit gemeinsam mit ihm zu verbringen. Im Winter war dies einfacher als im Sommer, denn dann war er immer im Alpstein, in seiner geliebten Meglisalp mit seiner Familie. Aber je älter ich wurde, desto näher wurde mir auch die Meglisalp und ich nahm den Weg dorthin immer häufiger und immer schneller unter meine Füsse. Mein Vater erlaubte mir gar, dass ich ein paar Wochen meiner Sommerferien in der Meglisalp beim Bruder meines Vaters bleiben durfte; dies erst recht, als jener meinen Einsatz in seinem Gasthaus und meinen Umgang mit den Gästen in den höchsten Tönen lobte. Nach der Schulzeit wurde aus den Sommerferienwochen eine ganze Saison. Ich war zu einer guten Kraft in der Meglisalp geworden und Frenz zu mehr als einem Freund.

Anfänglich war die Begeisterung unserer Eltern für unsere junge Liebe zwar relativ klein. Die nahe Verwandtschaft schien für sie auf beiden Seiten ein unüberwindbares Hindernis zu sein. Doch nun haben wir beide uns nebeneinander das «Jawort» vor Gott gegeben. Unsere Eltern sind auch in aller Herrgottsfrühe wegen uns ins Dorf gekommen und knien hinter uns in den vorderen Bänken. Dass die verwandten Gäste auf der Seite von Frenz und jene auf meiner sich mischen und unser Grossvater kaum wusste, auf welche der beiden Seiten er sich setzen sollte, scheint niemanden mehr zu stören. Der vordere Teil vom Schiff der Kirche ist recht voll geworden. Hätte der Pfarrer uns gar in Schwende getraut, so wären wohl Schiff und Empore voll geworden. Aber es ist natürlich auch hier in der Hoferkirche ein gutes Gefühl, dass ein buntes Gemisch aus Leuten der näheren und weiteren Umgebung unser beider «Ja» mitbekommt.

Noch vor drei Tagen am Martinifest war ich im Schiff der Kirche in Schwende, Frenz als stämmiger Mann in der unteren Empore. Vor sieben Jahren, am ersten Martinifest in Schwende, waren wir beide noch als Jugendliche im Schiff und lauschten gespannt den Worten von Bischof Dr. Greith. Martini sei der richtige Patron für diese Kirche, denn er sei ein Beschützer von Mensch und Vieh, und dies sei in Schwende, gleichsam am Tor zu den Alpen mit dem vielen Vieh und den immer zahlreicher werdenden Gästen wirklich passend. Von Frenz wusste ich längst, dass er sich in seinem Leben mehr um die Gäste denn um das Vieh im Alpstein kümmern wollte, und das war auch bei mir so. Als der Bischof vom Mantel des heiligen Martin erzählte, der auch für die Gäste im Alpstein ein Geschenk sein sollte, da warf mir Frenz ein verschmitztes Lächeln zu und zwinkerte schelmisch, so wie er es oft tat.

Ich merke, wie mir meine Gedanken ungeordnet durch den Kopf schiessen. Doch jetzt drehe ich mich leicht zur Seite und zwinkere Frenz auf die gleiche Art zu. Er lächelt zurück und bleibt mit seinem Blick an meiner Haube hängen. Ich weiss, sie sitzt, und sie sieht schön aus, das habe ich bereits in aller Frühe vor dem Spiegel in meinem Zimmer in der Krone festgestellt. Ob er wohl auch gerade über den weissen Kranz in meiner Haube nachdenkt, den ich heute zum letzten Mal in meinem Leben als Jungfrau tragen darf? Ob es uns wohl vergönnt ist, nicht nur als Paar zu zweit zusammen alt zu werden, sondern auch eigenen Kindern das Licht der Welt zu schenken? Dass wir Kinder wollen, das ist gar keine oder eine längst geklärte Frage. Die Frau meines ältesten Bruders Franz ist im sechsten Monat schwanger und die beiden freuen sich bereits auf ihr erstes Kind. Eigentlich hätte ich ja immer gerne Franz als Brautführer bei meiner Hochzeit gehabt, aber da er nun verheiratet ist, ist dies nicht mehr gut möglich. Aber wenigstens ist er heute morgen auch ins Dorf gekommen, um bei meiner Hochzeit dabei zu sein. Dass seine schwangere Frau nicht da ist, das kann ich begreifen. Aber auch Bruder Josef Anton ist mir recht als Brautführer. Unsere Brautführerin Maria Magdalena, die jüngere Schwester von Frenz, ist zwar noch etwas jung, aber auch sie macht das schon recht gut. Die beiden werden gerade aufgefordert, unseren

Trauschein zu unterschreiben. Sie machen das wirklich elegant und werden dabei nicht nur von unseren jüngsten Geschwistern Maria Barbara und Johann Josef ganz aufmerksam beobachtet. Auch der Pfarrer schaut den beiden ganz genau auf die Finger und nimmt danach den Trauschein so pathetisch zur Hand, als ob damit tatsächlich unser ganzes künftiges Leben besiegelt wäre. Mir geht für einen Moment der Schnauf fast aus, doch Frenz neben mir strahlt so viel Wärme aus und zwinkert mir sogar in diesem Moment wieder zu. Ich atme tief durch und merke, dass mir eher das fest angezogene Mieder den Schnauf fast nimmt als die Gedanken in meinem Kopf. Aufrecht sitze ich da, wie könnte ich anders. Aha, vielleicht muss das Mieder deshalb so eng sein. Am liebsten würde ich Frenz einen Schmutz geben, aber ich bin erzogen. Doch auch ohne Kuss fühle ich mich wohl neben ihm und geniesse die Wärme seiner Hand, die er mir zwar auf Befehl des Pfarrers, aber sicher auch sehr gerne, entgegenstreckt. Jetzt geht es nur noch einen kurzen Augenblick und wir sind tatsächlich ein richtiges Paar, vor Gott und der Welt.

Wenig später streckt mir meine Mutter ihre Hand entgegen und wünscht mir von Herzen Glück für die gemeinsame Zukunft mit Frenz. Auch ihre Hand ist warm, ihre Worte weich – am liebsten würde ich auch sie umarmen, aber sie hat mich schon richtig erzogen. Schon halte ich die Hand meines Vaters für einen kurzen Moment in der meinen und die Glückwünsche vervielfachen sich bei jedem neuen Händedruck. Der Gang aus der Kirche, zum ersten Mal an der rechten Hand meines angetrauten Mannes macht mich glücklich. Ich fühle mich wie im Himmel. Noch draussen auf dem Kirchenplatz geht es mir so. Die Glück- und Segenswünsche der vielen Leute beflügeln mich fast und der langsam erwachende Novembertag bringt bereits auch etwas Helle in die Umgebung, auch wenn er eisig kalt daherkommt.

Am liebsten würde ich gleich alle zu einem gemeinsamen Zmorge in die Krone einladen. Aber auch der Zmorge zu viert ist mir recht und ich bin froh, dass auch Frenz dabei fast die Zeit zu vergessen scheint.

Vom Moritzenturm hören wir gerade das Elfuhrläuten, als wir gestärkt, mit meiner Tracht wieder in der Hand und über dem Arm – und natürlich verheiratet – das Dorf Richtung Wasserauen verlassen. Vielleicht schaffen wir es auch ohne Postkutsche, am Mittag in unserem neuen Zuhause in der Wasserau zu sein, und vielleicht habe ich bis dann auch schon wieder Hunger, wer weiss. Die eisige Kälte des Novembertages wird das ihre dazu beitragen. Aber im Moment kann ich von kurzen Blicken in die Augen von Frenz leben und sein Zwinkern macht mich glücklich.

Kapitel 2

– 1892 –

Bruder Franz A. wird doch nicht Vater

Ich hatte vorgestern gerade zwei Gäste auf der Terrasse vor unserem Wirtshaus Wasserau bedient, als ich nach dem Elfuhrläuten auch noch die Totenglocke von der Schwender Kirche hörte. Die Frage, wer wohl gestorben sein könnte, beschäftigte mich nicht lange, denn schon kam die Omsägeri das Tal herein und bat uns kurz und ernst, am nächsten Tag bitte auch mit der Leiche zu kommen. Die Leiche sei das kleine Mädchen meines ältesten Bruders Franz.

Ich war froh, dass mein Bruder Franz gestern nach der Arbeit noch die Zeit fand, uns die traurige Nachricht vom Tod seines ersten Mädchens persönlich zu überbringen. Eine Bestätigung der Aussage der Omsägeri, die mein Herz zwar mit noch mehr Trauer erfüllte, die mir aber in diesem Moment auch die gewünschte Nähe zu meinem Bruder in dieser für ihn nicht ganz einfachen Zeit brachte.

Jahrelang hatte ich schon keine Tränen mehr auf seinem Gesicht gesehen, denn er war zum Mann geworden und hatte seine Wehleidigkeit und sein rasches Weinen als Bub längst abgelegt. Doch in diesem Moment schien er wieder zum Bub zu werden, der seinen Tränen wieder freien Lauf liess. Seine Tränen steckten auch mich an und meine Tränen taten auch mir irgendwie gut. Sie konnten einen Teil unserer gemeinsamen Trauer fast etwas wegschwemmen.

Seinem Blick in mein Gesicht folgte ein langer, fragender Blick auf meinen Bauch. Zum Glück war meine Jacke gerade weit genug, um ihm nicht mit Sicherheit zu verraten, dass auch ich in guter Hoffnung war und ebenfalls mein erstes Kind erwartete. Es war auch viel zu früh, um ihn mit dieser frohen Botschaft meinerseits zu überraschen, denn ich war gerade einmal im dritten Monat und es konnte bis zur Geburt ja noch so viel passieren. Zudem war das wirklich nicht der Moment, um meinem Bruder, der gerade nicht richtig Vater geworden war, zu sagen, dass ich schon bald Mutter werden sollte. Trotzdem glaubte ich in seinen feuchten Augen zu sehen, dass er sich sicher war, dass ich gerade auf dem besten Weg war, der nächsten Generation in unserer Familie Leben zu geben. Leben, ja Leben. Aber ob das der Herrgott auch so wollte, das wussten wir ja beide nicht.

Zum grossen Glück hatte seine Frau eine gute Hebamme gehabt, die auf die Situation bestens vorbereitet war und der Kleinen rechtzeitig die Nottaufe erteilen konnte. So war uns allen wenigstens der Trost gewiss, dass das kleine Mädchen direkt zur Sängerin, zum Engel, zu unserem Beistand im Himmel droben geworden war.

Trotz dieser schönen Gewissheit hatten wir zum Glück auch noch Zeit gehabt um gemeinsam ein paar Fragen nachzugehen, die sich nicht verdrängen liessen:

« Wa hett us dem chlinne Meedli doch chöne weede?
Wöfl Freud hett sie i ösen Alltag chöne bringe?
Wo ... wegeromm loht de Herrgott dem Meedli nüd Zit defö?
Wenn's au grad gad e betzli wär! »

Das kleine, unschuldige Mädchen hat diese Welt bereits wieder verlassen. Sie ist bereits im Himmel und doch noch für ein paar Stunden da. Sie wurde geboren, aber nicht für uns auf der Erde. Kein Mensch wird je ein Lachen auf ihrem Antlitz sehen. Ihre Füsse sind nicht zum Gehen auf unseren Wegen gemacht. Der Glanz des Lebens wird für uns auf der Erde nicht in ihren Augen sichtbar werden. Ich schliesse meine Augen und suche in mir selber. Ja, sie wurde direkt für den Himmel geboren. Das Bild einer Engelschar breitet sich wärmend vor meinem inneren Auge aus. Wärmend? Ja, wärmend. Ganz langsam merke ich, dass ich – trotz der Botschaft meines Bruders von heute – Gotte geworden bin, Gotte eines kleinen Engels. Spät am Abend verabschiedete sich mein Bruder und ging zurück zu seiner Frau und zu unserem kleinen Engel, um die Totenwache für die letzte Nacht zu übernehmen.

Beim Abschied auf dem Friedhof sind die Tränen bei uns allen zwar wieder da, aber sie sind bereits kleiner und verstohlen geworden. Das Bild des Engels mischt sich wieder mit Bildern eines jungen Mädchens, das lacht, das beginnt zu gehen, das das Herz von aussen und innen erwärmt. Ich setze mich mit dem innigen Wunsch in die Kirchenbank, diese Vermischung möge uns allen soweit gelingen, dass nur schon der Gedanke an unseren kleinen Engel die Herzen von uns allen erwärmen möge. Ein Engel aus den eigenen Reihen im Himmel ist nämlich ein grosser Segen. Die schönen Abschiedsworte des Pfarrers bestärken mich in dieser Gewissheit und geben mir viel Kraft.

Soviel bekomme ich gerade noch mit, obwohl ich merke, dass ich mich immer wieder auf mich selber und meinen eigenen Bauch konzentriere. Es wäre halt schon schön, wenn ich mein erstes Kind auch in die Arme nehmen und aufwachsen sehen könnte. Ich höre in mein Herz hinein und blicke ab und zu durch meine doch wieder leicht feuchten, halb verschwommenen Augen auf meinen Bruder und seine Frau. Die beiden geben mir auch Mut. Sie sitzen beide aufrecht und gehalten in der vordersten Bank der Kirche. Sie scheinen dabei unseren kleinen Engel nicht verabschiedet, sondern bei sich zu haben. Ob er bei ihnen, ob er in ihnen schon lacht? Ich trage dem heranwachsenden kleinen und bereits spürbar mit Leben beseelten Wesen unter meiner eigenen Brust Sorge und bitte den Herrn, dass er es mit einem langen Leben beschenke und nicht gleich in der Engelschar brauche. Ich spüre, dass ich für den Engel meines Gottenkindes auch in meinem Kopf bereits ein schönes Plätzchen gefunden habe. Mit der linken Hand berühre ich meinen bereits etwas runderen Bauch und würde meine Rechte gerne in die Hand von Frenz legen. Aber ich weiss, dass das in der Kirche keinen Platz hat.

Immer noch nicht Hand in Hand, aber ganz nahe hintereinander gehen Frenz und ich dem Schwendebach entlang nach Wasserauen. Das ruhige, sanfte Rauschen des Baches begleitet uns. Worte sind gar keine nötig. Was will man da sagen, wenn der Bach neben einem so ruhig erzählt, wie der Lauf des Lebens ist?

Kapitel 3

1892

Sohn Franz A. bringt uns das Familienglück

Langsam, ganz langsam wird der helle Schein der Petrollampe auf dem Nachttisch neben meinem Bett vom Tageslicht des anbrechenden Tages abgelöst. Der Kampf der beiden Lichter dauert nicht sehr lange, denn der neue Tag will kommen. Ich richte mich kurz auf und blase mit einem sanften Hauch das Licht der Petrollampe aus, die wahrscheinlich noch nie so lange gebrannt hat. Dabei erwacht auch die Hebamme aus ihrem offenbar leichten Schlaf und steht sofort von ihrem Stuhl auf. Ich bin ja froh, dass wenigstens sie ein bisschen Ruhe fand in dieser Nacht, wenn wir sie schon viel zu früh gerufen haben. Aber ich konnte ja nicht wissen … und ich weiss immer noch nicht, ob ein Franz oder eine Anna das Licht des eben angebrochenen Tages zum ersten Mal mit eigenen Augen sehen wird.

Die Petrollampe war ein Geschenk meiner Eltern in unsere Aussteuer – ein schönes, symbolträchtiges Geschenk. Unser Knecht hatte sie damals meinen Eltern auf Weihnachten zum Geschenk gemacht und damit die Zeiten der schwachen Öllampen auch auf Hölzlers endgültig in die Vergangenheit geschickt. Ich erinnere mich noch heute mit Freude an jenes Weihnachtsfest, das dank jenem Geschenk zu einem wirklichen Fest und einer speziellen Erinnerung wurde. Besonders gut erinnere ich mich an die starken, intensiven Petrolgerüche in unserer Stube, weil wir keine Ahnung hatten, wie man eine Petrollampe lediglich zum Leuchten und nicht auch noch zum Duften bringen konnte. Zum Glück hatten unsere Nachbarn schon Erfahrung mit solchen Lampen und konnten uns sagen, dass man den Docht im Schutz lassen und ihn so anzünden musste. Von da an leuchtete die Petrollampe auch in unserer Stube zu unserer Freude und verlängerte uns die Tage auf wunderbare Weise. Oft las ich meiner Mutter beim Einnachten eine Geschichte vor, denn meine Mutter hatte weder lesen noch schreiben gelernt. Ich konnte damit meine neuen Künste des Lesens – als Zweitklässlerin – bereits bestens unter Beweis stellen. Ich las sehr gerne Geschichten, die mich, die uns in ganz andere Welten entführten. Meine Mutter wollte damals oft in andere Welten entführt werden, denn sie hatte nach der Geburt meiner jüngsten Schwester Maria Barbara die Freude an der vor uns liegenden Welt lange nicht wieder gefunden.

Ich weiss, dass das irgendwie mit der Geburt verbunden war, die meine Mutter ganz komisch verändert hatte. Ich hoffe, dass meine Welt nach der Geburt meines ersten Kindes immer noch dieselbe sein wird, die Welt, an der ich so grosse Freude habe. Und schon spüre ich wieder das Ziehen in meinem Rücken. Die Hebamme scheint diesen erneuten Wehen besser zu trauen, denn sie wird langsam etwas unruhiger.

« Chomm doch endlich uf d'Wölt.
I wett di halt ase geen aluege – gsieh, we as du bischt,
di endlich i d'Aame nee! »

Und es ist gerade so, als ob unser Kind diese Worte als freundliche Einladung annehmen würde, sich zu zeigen, denn das Ziehen wird stärker und stärker. Aber jetzt kommen Momente, in denen ich am liebsten davonrennen möchte, denn der Schmerz der Geburt hält mich fest im Griff. Die Hebamme stützt mir den Rücken, der in diesem Moment zu zerbrechen droht. Bereits kann die Hebamme den Haarschopf unseres Kindes sehen.

Sie richtet mich leicht auf, so dass ich den kleinen, schwarzen Haarschopf in meinem Schoss auch sehen kann. Bei diesem Anblick

zerplatze ich fast, aber nicht vor Freude, sondern vor Schmerzen. Mit starken, fast unerträglichen Wehen nimmt der kleine Schopf Schultern, Arme, Bauch und Beine an.

Ich höre gerade noch, wie das kleine Geschöpf einen ersten, heiseren Schrei von sich gibt, bevor ich meine Augen für eine ganze Weile, für eine lange Weile schliessen muss, denn ich bin total erschöpft. Die Hebamme sagt ruhig, dass wir einen kleinen Buben geschenkt bekommen hätten und fragt mich nach seinem Namen.

《 Franz, Franz Anton hässt ösen Bueb. 》

«Geschenkt», wiederhole ich diesen Teil ihres Satzes kaum hörbar und es geht mir durch den Kopf, dass ich nie ein «Geschenk» auf diese Art bekommen hatte. Als nächstes geht es mir durch den Kopf, dass Franz ja offenbar bereits von mir getrennt worden sein muss – das habe ich gar nicht recht mitbekommen. Das tat ja überhaupt nicht weh, und doch schmerzt es plötzlich irgendwie. Mit dem leisen Schreien meines Franz wird mir schlagartig bewusst, dass wir tatsächlich ein Geschenk bekommen haben. Das Gefühl, das mich in diesem Moment bis in die letzten Fasern meines Körpers füllt, ist nicht mit Worten zu beschreiben.

Ich habe zwar schreiben gelernt, aber es gibt tatsächlich Momente im Leben eines Menschen, die man nicht mit Worten beschreiben kann. Nun bin ich Mutter, Mutter eines kleinen Buben, der für immer mein Bub sein wird. Das wird mein Leben wacker verändern, das weiss ich. Dass es mich selber auch verändern wird, das hoffe ich jedoch nicht. Für einen Moment beschleicht mich wieder die leise Angst, dass es mir – so wie letzte Nacht schon einmal gedacht – wie meiner Mutter bei der Geburt von Maria Barbara gehen könnte.

Ich sehe die Hebamme, wie sie geschäftig und glücklich im Zimmer ein und aus geht und Sachen erledigt, die für mich im Moment komplett nebensächlich sind. Aber was macht sie denn mit unserem Franz? Sie wickelt ihn in die Tücher ein, die ich schon vor Wochen für ihn vorbereitet und auf die Kommode gelegt hatte. In diesem Moment legt sie mir unseren Franz auf meine Brust. Wärme und Weichheit des kleinen Franz gehen mir – trotz Tüchern und Windeln – durch die Brust bis tief ins Herz. Da spüre ich zum ersten Mal seinen eigenen Herzschlag auf meiner Haut und weiss, das wird meine Welt auf eine wunderbare Art verändern.

« Gönd doch etz bitti de Frenz gi hole,
e söll sofot gi luege cho. »

Die Angst verfliegt vollends, als Frenz sich liebevoll über uns beide beugt, mir ganz lieb zuzwinkert und mich unsere Dreiheit spüren lässt. Ich weiss nicht, wie lange wir so blieben, aber die Kraft aus diesem Moment ist gewaltig.

Ich sehe mein Leben in einem neuen Licht und schaue dabei auf die Petrollampe neben meinem Tisch, welche die ganze Nacht gebrannt und mir die Nacht erhellt hatte. Das Geschenk meiner Eltern hat mir die letzte Nacht erhellt. Franz wird bestimmt auch ihr Leben erhellen, denn ab jetzt sind sie beide Grosseltern. Wie werden sie sich mit uns freuen.

Doch beim Blick auf die Petrollampe wird mir auch bewusst, dass das Licht der Natur unendlich viel stärker ist, obwohl es im Wechsel von Tag und Nacht immer wieder ab- und zunimmt. Das Leben von uns, das junge Leben von Franz wird ebenfalls diesem natürlichen Wechsel unterworfen sein und das künstliche Licht der Petrollampe wird auch ihn befähigen, in dunkler Nacht zu sehen. Auch er wird helle und dunkle Zeiten erleben und in dunklen Zeiten eine Lampe brauchen, die ihm leuchtet. Doch im Moment empfinde ich seine Nähe als eine starke Lampe für mich selber und zerspringe beinahe vor Glück und Freude.

Kapitel 4

– 1893 –

Bruder Johann A. sieht seine Zukunft in der Fremde

Das hat der Vater jetzt davon. Er sollte die Buben halt auch nicht ins Wirtshaus lassen. Man weiss ja, dass da viel erzählt wird. Im Wirtshaus hat der Johann vor ein paar Monaten erfahren, dass sich weit weg von hier, über dem Bodensee, als Melker oder auch als Käser viel gutes Geld verdienen lässt. Mit Begeisterung hat er mir damals von dieser Möglichkeit erzählt, aber ich sagte ihm schon damals, das sei für andere, aber sicher nicht für meinen Bruder. Doch offenbar war da ein ganz guter Erzähler dabei, denn das ging meinem Bruder seither nicht mehr aus dem Kopf, im Gegenteil, Johann ist immer mehr entschlossen, sein Glück auch in der Fremde zu suchen. Dabei hat er auch noch herausgefunden, dass er damit nicht in die Rekrutenschule gehen muss. Das sei doch auch nicht schlecht, er habe sowieso keine Lust auf Militärdienst.

Ich kann die Gründe von Johann ja mittlerweile schon etwas besser nachvollziehen, aber der Preis scheint mir immer noch zu hoch, obwohl ich weiss, dass er innerlich bereits am Packen ist. Ich weiss, er wird gehen. Ich könnte nie von diesen Bergen, von diesen Menschen weg in eine Gegend ohne Berggipfel, zu Menschen, von denen ich gar nichts weiss. Doch Johann scheint diese Wurzeln wirklich nicht zu haben. Man könne auch ohne Berggipfel leben, im Gegenteil, vieles werde dabei viel einfacher und auch weiter. Und auch auf neue Men-

schen habe er Lust. Das sei doch die Chance, aus von anderen vorge-
trampelten Pfaden herauszutreten und wirklich seinen eigenen Weg
zu gehen.

Ich wusste nicht, dass Johann ein so scharfer Denker ist und sich
über alles so ernste Gedanken macht. Aber irgendwie fasziniert mich
seine Art schon. Mein eigenes Denken scheint mir viel eingeengter zu
sein. Aber ich fühle mich dabei eigentlich – im Gegensatz zu ihm –
nicht eingeengt. Im Gegenteil, ich fühle mich wohl in diesen weichen,
vorgespurten Pfaden. Immer wieder gehen mir seine eigenen Worte
durch den Kopf und wieder einmal sage ich sie – wie um mich selber
zu trösten – vor mich hin.

《 Tuet ame jede gued, emol frönts Brood esse. 》

Er hat Recht. Wenn er sich in seinen Pfaden nicht wohlfühlt, dann
soll er sie verlassen und neue begehen. Er braucht das. Er braucht eine

neue Weite. Aber er braucht auch die Freiheit. Und vielleicht findet er ja wirklich gute Arbeit. Und doch glaube ich, dass er es sich irgendwie zu leicht vorstellt oder zu schwer macht. Er könnte es hier bei uns doch auch gut haben. Nein, auf die Länge eben wahrscheinlich doch nicht.

Ich kann weder einschlafen noch überhaupt schlafen. Wach liege ich in meinem Bett und denke an Johann, der jetzt bei uns zuhause in seinem Bett in der oberen Kammer liegt und wahrscheinlich auch nicht schlafen kann. Rundherum hat er sich bereits verabschiedet und auch mir hat er seine Hand zum Abschied bereits gedrückt. Jetzt ist er wirklich auf dem Sprung. Er habe auch seinen Rucksack bereits gepackt und könne am Morgen nur noch aufstehen, ihn nehmen und gehen.

Mit frohem Gesicht und guten Mutes habe er sich – nachdem er noch ein letztes Mal zuhause sehr gut geschlafen habe – auf den Weg Richtung Norden, auf den Weg ins deutsche Reich gemacht. Natürlich sei es nicht einfach, einen Sohn einfach so ziehen zu lassen, erzählt mir unsere Mutter auf der Bank vor unserem Haus. Aber Johann werde seinen Weg schon machen, er sei stark genug, um aus eigener Kraft und mit Hilfe Gottes anderswo weiterzuwachsen, ohne dass er dazu Wurzeln treiben müsse oder Wurzeln vermisse. Er sei schon immer ein bisschen anders gewesen als wir. Am ähnlichsten sei ihm wahrscheinlich noch Josef Anton.

Ich hoffe ja schon, dass Josef Anton nicht auch noch eines Tages in die Ferne verschwindet. Ich glaube nicht. Ich glaube, dass er sich – so wie ich – in seinen Pfaden recht wohl fühlt und zudem ist er ein echter Bergler. Am liebsten ginge er bestimmt wie unser ältester Bruder Franz Anton jeden Tag mit einer Tragete auf den Säntis. Beinahe hätte er sich nämlich im Frühling angeboten, als der jüngere Bruder von Frenz, der erst 23 Jahre alte Bisch, den Säntis übernehmen konnte und noch einen zweiten Träger suchte. Doch Manser war schneller, und so ist halt Manser nun zusammen mit unserem Franz Säntisträger bei Bisch. Wenigstens vertragen sich die beiden schon immer recht gut. Und das wird sicher auch so bleiben.

Kapitel 5

— 1894 —

Die Telegraphenleitung zum Säntis bringt Unheil

Vor vier Wochen haben es die Stürme auf dem Säntis wieder einmal zustande gebracht, dass die Telegraphenleitung von Wasserauen zum Säntis unterbrochen wurde. Franz, unser ältester Bruder, hatte sich bei Sturm und Unwetter mit seinem Säntisträgerkollegen auf den Weg gemacht, die Leitung wieder in Stand zu stellen.

« Wenn ös gad au das Aaliechtli uf de Chooscht de Franz wiede chönnt lebtig zrogg bringe. Vater unser im Himmel... »

Vier Wochen sind eine ungeheuer lange Zeit, wenn man auf seinen Bruder wartet. Die Leitung wurde zwar in der Zwischenzeit von anderen wieder geflickt, aber Franz ist noch immer nicht zurück. Ich kann dieses Warten nur noch schwer ertragen. Der Anfang des Jahres scheint heuer besonders kalt und unerträglich zu sein. Und Frenz redet seit Tagen auch kaum mehr ein Wort mit mir. Unser Franz war ein sehr guter Freund von ihm. Man könnte fast sagen, die beiden seien nicht nur verwandt, sondern seelenverwandt. Ich kann das nicht mehr lange aushalten. Das geht mir zu weit, das ist mir zu hart.

Wenn doch nur Johann nicht ins deutsche Reich ausgewandert und noch in meiner Nähe wäre. Er würde bestimmt die richtigen Worte finden und hätte unseren Bruder Franz noch nicht – so wie ich – aufgegeben. Aber der weilt irgendwo in der Nähe von Kassel und führt sein eigenes Leben in Ruhe. Wer hilft mir nur? Wer macht mir diese Ungewissheit erträglich? Diese Ungewissheit, die nur ein Warten auf die schreckliche Gewissheit sein kann. Oder sind die beiden vielleicht doch noch am Leben? Nein, vier Wochen unter dem Schnee, das ist nicht möglich. Aber vielleicht sind sie ja gar nicht unter dem Schnee. Vielleicht …

Ich sollte unbedingt ins Bett gehen, ich sollte wieder einmal schlafen. Aber die Gedanken verwirren meinen Kopf und halten mich wach, auch wenn ich mich längst hingelegt habe. Selbst das heimelige Geräusch der Regentropfen auf unserem Hausdach, das sonst wie das beste Schlafpülverli auf mich wirkt, vermag nicht, mir den sehnlich gewünschten, ruhigen Schlaf zu bringen. Und doch erwache ich nach ein paar Minuten oder gar Stunden aus einem unheimlichen Traum, der mir das Bild einer braunen Jacke im weissen Schnee wie einen unauslöschlichen Fleck in meinem Gedächtnis eingebrannt hat.

Noch ist es dunkel. Trotzdem stehe ich auf und begebe mich schlaftrunken in die Küche. Ich bereite uns das Morgenessen zu und wecke Frenz, damit er die Kühe melken geht. Er habe diese Nacht auch wieder gar nicht gut geschlafen, sagt er mir noch unter der Türe. Ich wage gar nicht nachzufragen, ob denn vielleicht auch ihm ein Traum den Schlaf so unerträglich gemacht habe. Da sagt er mir, dass er von einer braunen Jacke im weissen Schnee geträumt habe. Ob das ein schlechtes Omen sei, ob das die unerträgliche und doch längst ersehnte Gewissheit bringen möge?

Dieser Tag ist besonders unerträglich und die Stunden schleichen nur ganz langsam dahin. Zum Glück sind um diese Zeit keine Gäste zu bedienen bei uns in der Wasserau. Aber ich habe heute Morgen gesehen, dass sich wieder eine Gruppe von Männern mit Schaufeln und Hornschlitten zur Wagenlücke aufgemacht hat, um nach Franz und Manser zu suchen. Erst beim Eindunkeln kommen sie wieder zurück, aber es ist gerade noch hell genug, dass ich sehen kann, dass auf beiden Schlitten jemand festgebunden ist. Sie haben die beiden tatsächlich gefunden, tief unter einem Lawinenkegel in den Hottenrennen. In unserer schönen Stube stelle ich das Versehzeug neben der Leiche meines ältesten Bruders auf, nachdem er draussen in unserem Pferdestall eingesargt worden war. Seine Witwe Maria Theresia hat es so gewünscht: Er möge doch bei uns in der Wasserau aufgebahrt werden, denn sie könne das nicht mehr ertragen, nachdem sie vor nicht einmal zwei Jahren ihre gemeinsame, totgeborene Tochter schon während drei Tagen in ihrer eigenen schönen Stube aufgebahrt haben musste.

Und sowieso, wenn das jetzt so sei, dann müsse sie ihre Liegenschaft Manteses verkaufen und es werde ihr alles fremd. Frenz und ich sind auch gerne bereit, ihr einen Teil der Totenwache abzunehmen, denn sie hat nach dieser Zeit des Wartens auf die Gewissheit über den Tod ihres Mannes im Moment fast keine Kraft mehr dazu.

«Jo, me tüend d'Weetschaft fö drei Täg zue.
De Franz söll no drei Tääg ösen enzege Gascht see.
We sös no choot, de söll gi bete cho, bete fö ösen Franz.»

Ich denke an den lachenden Engel der Tochter meines Bruders, meines Gottenkindes und schaue auf den Herrgott am Kreuz. Franz wurde zwar nicht gekreuzigt wie unser Herr, aber er durfte trotzdem nicht älter werden als er. Gekreuzigt bin nun ich. Wie Nägel in meinem Fleisch reisst mir diese Gewissheit vom Tod meines geliebten Bruders Wunden auf, die ich wahrscheinlich nicht mehr zu schliessen vermag. Ich nicht und auch nicht die Zeit, die vergehen wird, bis ich selber von dieser Welt Abschied nehmen muss. Hätten sie doch vor Jahren keine Wetterstation auf dem Säntis errichtet. Die Menschen müssten doch nicht täglich über das Wetter auf dem Säntis informiert sein. Es ginge doch auch ohne. Man sieht ja, was für Wetter gerade ist. Man muss doch nicht wissen, wieviel Schnee es über Nacht auf dem Säntis gegeben hat. Und schon gar nicht, wenn unser Franz dafür sein Leben geben muss. So eine verkehrte Welt. So eine Welt mit Ansprüchen, die nicht sein sollten.

Mir selber scheint dabei das Gottvertrauen langsam abhanden zu kommen, denn ich kann fast nicht mehr beten, wenn ich so neben meinem toten Bruder in unserer schönen Stube stehe. Ich möchte ihn einfach zurückhaben, möchte nicht Abschied nehmen von ihm. Reden möchte ich mit ihm, nicht beten für ihn. Mein Blick wandert von ihm weg wieder hinauf zum Herrgottswinkel. Ich betrachte den Herrgott, wie er am Kreuz für uns gelitten hat und spreche leise vor mich hin:

«Vater unser im Himmel, geheiligt werde dein Name,
dein Reich komme, dein...»

Meine Lippen beten zwar, aber der Kopf füllt sich mit anderen Bildern. Bilder vom Leben davor, Bilder von einer wunderschönen Jugend mit dem kleinen Franz, Bilder von einer Zeit mit seinem lachenden Gesicht. Doch jetzt lacht er mich nicht mehr an. Still und bleich liegt er vor mir in einer Kiste. Am liebsten würde ich ihn rausnehmen und die Kiste wieder zurückgeben, doch das Schicksal hat es anders mit uns gemeint.

Nach Stunden in der Stube spüre ich plötzlich, wie meine Wangen nass werden. Zum ersten Mal seit er in unserer Stube liegt fühle ich Tränen auf meinem Gesicht, ich weine nur noch. Mehr noch, ich kann mich davon kaum mehr erholen und weine schliesslich Tränen auf sein Gesicht. Nach einer Weile sieht es sogar so aus, als ob Franz selber geweint hätte. Irgendwie tut das gut. Auch Franz weint zum Abschied. Aber so kann ich die drei Tage trotzdem nicht durchstehen. Ich setze mich ins Kanape neben dem kalten Ofen, den ich heute Morgen schon nicht mehr eingeheizt habe. Habe ich gewusst, dass ich die Stube möglichst kalt behalten muss? Wahrscheinlich habe ich es gewusst, auf jeden Fall geahnt. Trotz Kälte, trotz Franz in der Stube schlafe ich schliesslich ein, erwache aber nach kurzer Zeit wieder. Ich erwache zum ersten Mal mit der traurigen Gewissheit, auf die ich so lange gewartet, die ich so lange verwünscht hatte. Die Gewissheit, dass die Zeit des Abschiednehmens von unserem Franz nun angebrochen ist, lässt mich auch den Rest meiner täglichen Pflichten in der gleichen Abwesenheit erledigen, in der ich gestern plötzlich zu beten begonnen hatte. Und wir beten immer wieder, unaufhörlich. Seine Witwe betet im Moment wieder einmal mit den Kondolenzbesuchern einen Rosenkranz in unserer Stube und wenn gerade niemand in der Gaststube ist, dann gehe ich zu ihr. Wir beten auch, aber wir reden auch über unseren gemeinsamen, kleinen Engel und können dabei unsere Traurigkeit fast ein wenig vergessen. Immer wieder schaut auch sie hinauf zum Herrgott im Herrgottswinkel und ich weiss, als ich sie spät in der Nacht verlasse, dass sie es schaffen wird, die ganze letzte Nacht neben meinem Bruder, neben ihrem Mann wach zu bleiben. Die Kraft scheint wieder zurück zu sein.

Nach diesen drei Tagen findet der Gang mit Franz zum Friedhof bei heftigem Schneesturm und Unwetter statt. Die beiden Pferde mit ihren schwarzen Ohrenkappen und den ebenso schwarzen Scheuklappen vor den Augen scheinen es eilig zu haben, mit dem Sarg meines Bruders im schwarzen Wagen den Friedhof zu erreichen. So höre ich den Pfarrer schon bald die Worte sagen: «Gott, gib ihm die ewige Ruhe.» Im Chor mit den vielen Mittrauernden sage ich:

《 Und das ewige Licht leuchte ihm. 》

Unser Franz wird neben dem Manser in die Erde gelassen. Die beiden sollen auch über den Tod hinaus beieinander bleiben. Ja, es stimmt, was der Pfarrer sagt, die beiden hatten es wirklich sehr gut miteinander. Das ist mir zwar ein wenig Trost, aber wo ist mein Gottvertrauen geblieben?

Nach dem Leichenmahl marschieren Frenz und ich wieder einmal fast stumm nebeneinander dem leise rauschenden Schwendebach entlang nach Wasserauen. Und wieder einmal erzählt uns der Bach vom Fluss des Lebens, aber diesmal geht für mich die Geschichte viel schlechter auf als nach der Beerdigung seiner Tochter. Es hilft mir, dass Frenz wenigstens sagt, dass er Franz jetzt schon vermisse und ihn wahrscheinlich noch lange vermissen werde. Als wir schon fast wieder in der Wasserau angelangt sind beginnen wir beide plötzlich – ohne Abmachung – zu rennen. Wir haben beide nur einen Wunsch im Herzen. Wir gehen direkt in die Küche und umarmen gleichzeitig unseren kleinen Franz. Die Magd hatte gut auf ihn aufgepasst, aber er fühlt sich in unseren Armen doch wieder sichtlich wohler. Möge er ein Franz sein, der solches nie erleben sollte, der uns weit über unsere eigenen Tage hinaus lebend zur Seite stehe. Dieser Wunsch bleibt zwar unausgesprochen, aber ich bin sicher, dass Frenz im Moment dasselbe denkt wie ich. Und er fügt diesem Wunsch tatsächlich noch an, dass Franz alles machen könne, nur Säntisträger dürfe er nie werden. Schliesslich sei sein ältester Bruder Josef Anton als erster Säntisträger auch nur gut halb so alt geworden wie der Franz und habe bereits mit 17 Jahren als Säntisträger sein Leben am Berg gelassen.

Beim Flicken der Telegraphenleitung, über die Neujahrtage. Er schaut mir in die Augen, aber das liebe, oft erlösende Zwinkern gelingt ihm noch nicht. Die Trauer über den Verlust meines ältesten Bruders, seines Seelenfreundes, hat uns beide noch fest im Griff. Unsere beiden Seelen scheinen zu weinen und machen uns schwer. Aber es tut gut zu spüren, dass es ihm genauso ergeht wie mir.

Kapitel 6

– 1899 –

Ein neues Zuhause – mehr als nur Balken und Bretter

Der Vater wolle mit uns reden; wir sollen doch unsere Wirtschaft Wasserau am nächsten Sonntag wieder einmal der Magd überlassen und nach Triebern kommen. Wenn meine Schwester nur gerade wegen dieser Botschaft zu uns in die Wasserau kommt, dann werden wir das am nächsten Sonntag wohl so machen. Der Sommer hat sowieso noch nicht richtig begonnen und die Gäste lassen sich noch fast an zwei Händen abzählen.

Fein ist der «Chässchoope», den Mutter heute wieder einmal aus dem alten Brot für uns hergezaubert hat. Ich schaue in die Runde: Vater, Mutter, meine 22-jährige Schwester Maria Barbara, mein Mann Frenz und unsere beiden Grossen, der 7-jährige Franz und die 3-jährige Maria Anna, sie alle stechen nach den feinen Brocken in der Pfanne mitten auf dem Tisch und tun gerade so, als ob sie seit Tagen nichts mehr gehabt hätten. Wäre der kleine Josef A. in Mutter's Wiege nebenan wach, so würde ich ihn auch an unserem feinen Zmittag teilhaben lassen, denn unser viertes Kind in meinem Bauch bekommt ja vermutlich auch etwas davon ab, wenn auch auf Umwegen.

Einen geeigneteren Mann als den Frenz hätte ich wohl in der ganzen Verwandtschaft – und schon gar nicht ausserhalb – finden können, unterbricht mein Vater unsere Stille beim emsigen Zugreifen und nimmt einen kräftigen Schluck Milchkaffee aus seiner Ohrentasse.

Und nach diesem Schluck doppelt er nach: Geschäftig sei er, ein guter Wirt, aber auch ein ganz guter Bauer, gut zu den Tieren und ein ebenso guter und liebevoller Vater. Zudem sei er mit seinen 32 Jahren jetzt genau halb so alt wie er selber und es sei Zeit, sein eigener Herr und Meister und nicht mehr ganze Winter lang Knecht des Schwiegervaters zu sein. Er würde unsere Liegenschaft Hölzlers gerne dem Frenz und mir verkaufen, denn er sei langsam müde geworden.

Müde und alt, und auch ein bisschen stark gezeichnet von den letzten Jahren. Unser Josef Anton habe mehr als genug zu tun in Manteses, das er vor fünf Jahren nach dem Lawinentod von Franz Anton habe übernehmen können, oder besser gesagt müssen. Dass ihm der Herrgott diesen Frühling auch noch seine geliebte Frau genommen und ihn damit mit dem kleinen Mädchen allein gelassen habe, das sei schon ein bisschen viel verlangt. Immerhin sei der Johann Anton ja noch am Leben, aber durch seine Flucht vor der RS vor 6 Jahren nach Deutschland sei er ja eigentlich auch nur noch halb da. So kämen denn für das Vaterhaus eigentlich nur wir zwei Mädchen am Tisch, Maria Barbara oder ich in Frage.

Er und Mutter könnten sich gut vorstellen, dass Frenz und ich mit unseren Kindern für eine Zukunft auf Hölzlers sorgen würden. Das Wirten sei doch mit vier kleinen Nasen auch zu streng und Arbeit sei hier das ganze Jahr genug vorhanden. Natürlich wären sie froh, wenn sie das Hausrecht behalten könnten. Und Maria Barbara müsste einfach auch hier bleiben können, bis sie selber einen Mann gefunden habe.

«Damit habe ich nicht gerechnet, nur darauf gehofft, denn Euer Haus ist mir längst zum Daheim geworden», erwidert mein Frenz auf diese Sätze meines Vaters. Es sei lediglich eine Frage, ob wir denn den Preis für die Heimat aufbringen könnten. Ja, wenn das die einzige Frage sei, dann sei die Antwort einfach. Er stelle sich einen Preis vor, den wir wirklich aufbringen könnten. Und die genannten Zahlen lassen meinen Frenz erstrahlen.

Das feine Essen der Mutter wird doppelt zum Festessen, die Aussichten auf eine gesicherte Zukunft in meinem Vaterhaus zur Freude von Frenz und mir. Ich hätte ja nie gewagt, meinen Vater nach einem solchen Schritt zu fragen. Der Frenz hatte zwar schon mehr als einmal vor dem Einschlafen von diesem Traum gesprochen, aber auch er hätte sicher nicht gewagt, danach zu fragen. Nur, das Wirten wird er deswegen wahrscheinlich nicht aufgeben wollen.

Dass mein Vater, dass meine Eltern selber auf diese Idee gekommen waren und zu diesem Schritt bereit sind, das ist für uns beide ein halber Traum. Wir können schon nach wenigen Jahren in der Wasserau wieder in mein Elternhaus zurückkommen, mehr noch, wir können übernehmen und an die Hand nehmen. Meine Eltern, unsere Eltern geben uns ihr geliebtes Zuhause für einen gut bezahlbaren Preis zu kaufen und sind wieder viel mehr in unserer Nähe.

《 I ha gä nüd gwesst,
dass me mengmol de Fööfer ond s'Weggli cha ha. 》

Ich bin auch gerne bereit, das Kochen von meiner Mutter zu übernehmen und auch ihr ein etwas einfacheres Leben zu gönnen. Wenn sie damit wieder viel mehr Zeit für unsere Kinder, für ihre Grosskinder hat, dann ist das ein Gewinn für uns alle. Sie hat mir schon so oft mit ihrer Lebenserfahrung das Muttersein erleichtert und unseren Kindern bereits viel mitgegeben auf ihren Lebensweg. Und auch wenn sie sie in letzter Zeit nicht mehr allzu oft gesehen hat, so habe ich doch immer wieder den Eindruck, dass sie den Kindern viel näher ist als ich selber. Immer hat sie Zeit für ein paar Worte, für einen Trost oder eine Aufmunterung.

Als der kleine Franz beim letzten Besuch weinend aus dem Stall in die Küche kam, da suchte er die Arme seiner Grossmutter und nicht meine, um den erhofften Trost zu finden. Ich staunte einmal mehr, wie Mutter innert kürzester Zeit erfahren hatte, worum es ging. Der Schlag unserer Kuh Bärli mit dem Schwanz ins Gesicht von Franz war mit ebenso kurzen, aber wirksamen Streicheleinheiten über sein Gesicht schon wieder vergessen. Und die Kuh war mit wenigen Worten für ihr

Tun entschuldigt, denn Kühe haben ja hinten wirklich keine Augen und wehren sich mit ihrem Schwanz in der Regel nicht gegen kleine Buben, sondern tatsächlich eher gegen noch viel kleinere Fliegen.

Dass unsere Nann mit ihren drei Jahren schon so gut und deutlich redet, das hat sie mit Bestimmtheit auch von ihrer Grossmutter. Wie sonst wäre es möglich, dass ich bei gewissen Sätzen meiner Tochter manchmal meine Mutter reden höre. Und beim Spiel mit ihrer Schlafaugenpuppe – die sie immer dabei hat – spricht sie nicht nur gleich wie meine Mutter mit ihr, sondern sie behandelt ihre Puppe auch so, wie sie selber behandelt wird. Überhaupt, die Schlafaugenpuppe, ein Geschenk ihres Vetters aus Deutschland, ist für unsere Nann das Ein und Alles. Ich habe oft den Eindruck, dass unsere Nann auch für Mutter ihr Ein und Alles ist. Es ist herrlich zu beobachten, wie die beiden miteinander umgehen und aneinander wachsen. Aber auch die beiden Buben kommen dabei nicht zu kurz. Der einjährige Josef darf auch oft als Schliessaugenpuppe herhalten. Und seit Mutter Nann erklärt hat, dass Josef Anton auch beim Liegen seine Augen offen behalten könne, unternimmt Nann auch keine Versuche mehr, sie ihm immer wieder zu schliessen. Sie geniesst es wie die Grossmutter, wenn der Kleine sie auch im Liegen mit strahlenden Augen anschaut und nicht weint.

Ich weiss plötzlich nicht mehr, ob mir das versprochene Hausrecht oder das Vaterhaus selber mehr wert ist. Nein, ich weiss es. Das Hausrecht, das wir unseren Eltern einräumen, das ist vor allem ein Geschenk an mich und an Frenz und wertvoller als die paar altbekannten Balken und Bretter um uns herum. Ich fühlte mich zwar immer schon sehr wohl in diesem Holz, aber das ist vor allem das Verdienst der beiden Menschen, die für mich aus diesen Brettern und Balken ein Zuhause gemacht haben.

Juhui, wir können mit unseren Kindern zurück zu meinen Eltern. Hoffentlich bleiben Vater und Mutter noch lange unter uns. Hoffentlich können sie auch noch unsere vierte, fünfte und so Gott will gar unsere sechste kleine Nase geniessen. Wenn Vater und Mutter wieder ganz in der Nähe ihrer Grosskinder sein können, dann kommen vielleicht auch wieder Jahre auf sie zu, die schöner zeichnen als die letzten.

Ich bin froh, dass sich mein Vater das so überlegt hat und dass er bereit ist, uns seine Heimat und sein Haus zu überlassen, für die er doch so viel Energie seines Lebens aufgebracht hat. Und noch glücklicher bin ich, dass sich mein Frenz das auch vorstellen kann. Ich bin sicher, dass er sich hier auch zuhause fühlt, dass diese Wände auch für ihn viel mehr als nur Bretter und Balken sind.

《 Frenz, me mekt halt scho,
dass du ond i usem gliche Holz sönd. Drom gspüereme au,
dass me beidi mitenand is Hölzles am rechte Oot sönd. 》

Ich freue mich schon heute auf mein neues Zuhause bei euch – äh, bei uns, äh, einfach hier – und hoffe natürlich, dass wir euch noch ganz viele Jahre Hausrecht gewähren dürfen», sagt Frenz am Tisch und zwinkert mir wieder einmal zu. Er weiss genau, dass ich genau dasselbe gesagt hätte. Vater zwinkert der Mutter zu, als ob sie diese Sprache auch kennen würden. Sie kennen sie auch. Und was mit der Wasserau geschieht, das überlegen wir uns dann später.

Kapitel 7

— 1900 —

Der ersehnte Wechsel in die Berge

Die Wasserau, ja da sind wir immer noch. Nun sitze ich doch heute tatsächlich schon wieder seit Stunden allein in der engen, dunklen Gaststube unserer Wasserau. Nicht ganz allein, denn zwei Burschen mit Sitzleder sind mir bis in die Abendstunden hinein geblieben und leisten mir Gesellschaft. Schön sei es gewesen

im Alpstein. Am allerschönsten sei es im Äscher droben, der sich so eindrücklich an die Felswand drücke und der durch seine Scheiben einen herrlichen Blick auf die Welt ringsum eröffne. Schade sei es, dass man dort droben nichts zu essen kriege. Doch zum Glück liesse sich in mir auch im Tal eine Wirtin finden, die diesem Wunsch nach etwas Festem im Bauch nachkomme und zudem auch noch eine herrliche Gesellschafterin sei. Wenn die wüssten, was ich zusammen mit meinem Mann Frenz für Pläne hege. Aber eben, erst sind es Pläne. Das Gespräch dreht sich um den Rest des Alpsteins und seine Schönheiten, um mein Leben als Wirtin und Appenzellerin, um die Welt draussen mit all ihren Ansprüchen und …

Immer wieder schweift mein Blick durch die Fenster Richtung Schwende. Ich kann es kaum erwarten, bis mein Frenz auch wieder da ist. Gegen elf Uhr sehe ich weit vorne ein kleines Licht Richtung Wasserauen kommen. Das könnte er sein, der Frenz mit seinem alten Velo. Das Tempo ist zwar eher das eines Motorrades, aber die Grösse der Lampe leuchtet doch eher nur einen kleinen Kegel aus, der dem eines Velos angemessen ist. Tritt da tatsächlich der Frenz so kräftig in die Pedalen, dass das Licht in so rasantem Tempo näherkommt? Ja, er ist es.

Nach kurzer Zeit begrüsst er uns in der Wirtsstube mit einem frohen Gruss und bittet mich rasch in die Küche, um mir die ersehnte Botschaft mitzuteilen: Wir können den Äscher tatsächlich kaufen, und der Preis dafür ist erst noch bezahlbar. Ich könnte vor Freude in die Lüfte springen – wir können von hier weg in die Höhe ziehen und den Blick von oben herab geniessen. Wir sind im Sommer dort oben und können im Winter in meinem, unserem Heim auf Triebern bei meinen Eltern wohnen. Äh nein, die Eltern werden neu bei uns wohnen.

Als ich wieder zu den beiden Gästen in die Stube trete scheint diese plötzlich nicht mehr so eng und dunkel zu sein. Mit Freude erzähle ich in der Gaststube von dieser Aussicht, im nächsten Frühling im Äscher oben anzutreffen zu sein. Begeistert nehmen meine Gäste diese Botschaft auf und meinen, das müsse doch gefeiert werden. Auf ihr

Geheiss hin hole ich im Keller eine gute Flasche Wein. Schon bald stossen wir mit Franz und Johann aus St. Gallen auf den bevorstehenden Kauf des Äschers an und lassen die Nacht zum Tag werden. Selten hat mir bisher ein Glas Wein so gut geschmeckt, und es darf sogar noch ein zweites und ein drittes Glas werden.

Erst in den frühen Morgenstunden lege ich mich zufrieden neben Frenz in mein Bett. Doch der Schlaf will noch gar nicht kommen. Ich bin viel zu aufgeregt und die Vorfreude hält mich wach. Gemeinsam schmieden wir weitere Pläne für unsere Zukunft. Eine richtige Gaststätte soll unser Äscher werden, eine Gaststätte, in der sich jeder zuhause fühlen kann. Auch zu essen soll es in Zukunft im Äscher geben, und wenn wir die Sachen selber hinauftragen müssten. Etwas mehr Einsatz würden wir schon zu leisten haben, das war uns beiden klar. Doch den wollten wir gerne leisten, hatten wir doch schon seit jenem Sonntag mit «Chäässchoope» bei meinen Eltern von diesem Schritt geträumt. Dass der Äscher gerade jetzt feil wird, das betrachten wir als unser beider Glück und fast als unsere Bestimmung. Frenz wird die Nähe zum Berg gut tun und auch ich werde mich da droben wohler fühlen. Die Waren werden wir mit Saumtieren von unserer Winterliegenschaft auf Triebern zum Äscher bringen. Damit kann Frenz auch einer seiner weiteren Leidenschaften wieder nachkommen. Dass er eben doch auch Tiere über alles liebt und auch gerne mit ihnen zusammen etwas bewegt, das weiss ich erst, seit ich mit ihm verheiratet bin. Die Kühe wird er im Sommer jedoch einem Knecht überlassen müssen, aber immerhin wird er sich jetzt Saumtiere anschaffen können, die ihm über den ganzen Sommer weitere Gesellschaft und gute Dienste leisten werden.

Nun muss ich doch eingeschlafen sein, denn es ist bereits taghell, als Frenz aus der Küche nach mir ruft. Ich ziehe mich rasch an und tanze beinahe in die Küche hinunter. Die Sonne scheint mir heute besonders hell zu scheinen. Wenn das kein gutes Omen ist. Ich wecke unsere drei Kinder und kann es kaum erwarten, ihnen unsere Neuigkeit zu erzählen. Franz begreift mit seinen 7 Jahren rasch, was das bedeutet. Maria Anna, unsere kleine Nann mit ihren drei Jahren und den einjährigen Josef A. kann ich zwar mit meiner Freude anstecken, sie begreifen aber noch nicht, worum es eigentlich geht.

《 Juhui, me chönid de Äsche öbeneh.
De Äsche k'höt scho bald ös. 》

Diese Aussicht macht mir die Arbeit heute zu einem wunderschönen Zeitvertreib und die Kinder sind heute so lieb und artig. Auch Frenz geht heute alles sehr leicht von der Hand und seine Blicke strahlen und wärmen so richtig. Ich mache uns ein Festmahl zur Feier des Tages. Wir geniessen den «Chäässchoope» in unserer jungen Familie, der endlich ebenso gut ist wie der unserer Mutter und planen tüchtig weiter an unserer Zukunft in der Höhe.

Dass Frenz sich in der Höhe so richtig wohl fühlt, das wurde ihm wohl in die Wiege gelegt. Schon als kleiner Bub war er immer auf der Meglisalp und dem Säntis. Sein Vater hatte die kleine Schutzhütte auf dem Säntis im Frühling 1850 als 26-jähriger von Jakob Dörig übernommen und 12 Jahre später dann auch noch die Meglisalp gekauft. Dort hatte er 1886 ein weiteres Gasthaus erbaut, als Frenz selber 17-jährig war. Vor sechs Jahren hatte sein um zwei Jahre jüngerer Bruder bereits mit 23 Jahren vom Vater das Gasthaus auf dem Säntis übernommen. Dass sein älterer Bruder als 17-jähriger Säntisträger im Dienste seines Vaters ums Leben gekommen war, das tat der Liebe des damals 13-jährigen Frenz zu den Bergen keinen Abbruch. Sein jüngster Bruder Johann Josef, der seinen ältesten Bruder im Alter von einem Jahr verloren hatte, hegt auch bereits den Wunsch, für immer auf der Meglisalp bleiben und diese eines Tages vom Vater übernehmen zu können. Wie schön ist es deshalb, dass Frenz und ich noch ein weiteres Gasthaus im Alpstein kaufen können, und dann erst noch den Äscher.

Warum es mich so in die Höhe zieht, das weiss ich eigentlich selber nicht ganz richtig. Ich meinte immer, es habe mich vor allem zu

Frenz in die Meglisalp getrieben, aber das war offenbar nicht so. Ich fühle mich heute so ausgesprochen leicht ums Herz und erinnere mich mit klaren Bildern an unseren ersten Gang als frisch verheiratetes Paar damals nach Wasserauen.

》 Du Frenz, wenn me zwä etz denn mitenand en Äsche uni gööd, denn ischt da fö mi fascht wie no emol hürote. 《

Kapitel 8

1902

Bruder Josef A.'s Hüterbub
auf der Gloggeren

Ich hab's immer gesagt, man sollte den kleinen Buben nicht allein mit den drei Kühen, den vier Rindern und der grossen Schar von 30 Geissen auf der Gloggeren lassen. Mein Bruder Josef sah das jedoch anders. Er sei im ähnlichen Alter jeweils auch – zusammen mit 15 – 20 anderen Geissbuben und 300 – 400 Geissen – bis zur Alpfahrt Ende Juni schon jeden Tag und bei jedem Wetter in der Seealp gewesen. Die Tage seien oft elend lang und das mitgebrachte Essen elendiglich wenig gewesen. Es gab auch noch keine Wirtschaft wie auf dem Säntis, welche ab und zu zur Abwechslung etwas Leute in die Nähe gebracht hätte. Aber dafür habe man die verschiedensten Spiele erfunden und auch gespielt, wenn immer die Geissen es zugelassen hätten. Nach dieser Zeit mit den Ziegen in der Seealp seien er und sein Bruder Franz immer zu zweit mit all den Tieren zur Meglisalp gegangen, wo sie auch als Handbub und Senn den Sommer erlebten. Und sei der Sommer vorbei gewesen, so habe er mit den Ziegen und Schweinen noch bis im Oktober allein in der Meglisalp bleiben dürfen. Nicht nur um zu den Tieren zu schauen, sondern auch um den Säntisträgern Kost zuzubereiten und selber Holz und Milch auf den Säntis zu tragen. Dabei habe es in diesen Herbsttagen seine Ziegen jeweils bis über den Säntis und die Silberplatte oder den Blauen Schnee an Orte gezogen, wo er als Geisshirt auch zum Kletterbub geworden sei. Kurz, Bruder Josef war aus eigener Erfahrung der Meinung, dass auch heute noch ein 7-jähriger Junge durchaus in der Lage sein sollte, allein zu den Tieren auf der Alp zu schauen, wenn ab und zu ein Senn vorbeischaue. Und wegen den Geissen, die dem Buben bestimmt keine guten Kletterpartien vormachten, schien er sich auch keine Sorgen zu machen. Auch seine zweite Frau Franziska, die er im November des letzten Jahres geheiratet hatte und die dem Buben eine neue Mutter geworden war, sah das nicht anders. Und jetzt, was haben sie davon? Jetzt muss doch schon wieder ein Bruder von mir ein eigenes Kind auf den Friedhof begleiten.

Es war ein wunderschöner Sommertag, an dem der kleine Bub seine Kühe in den kleinen Stall auf der Gloggeren treiben wollte. Doch vorher wollte er noch die Geissen melken, die halt wieder einmal an den unmöglichsten Orten auf den kleinen Buben mit dem Melkkessel warteten. Dass die Hänge auf der Gloggeren steil sind, das wusste jeder. Dass das Hüten auf dieser Alp gefährlich war ebenfalls. Und gerade deshalb hätte es doch nicht sein müssen, dass der kleine Bub sein junges Leben auf der Gloggeren verlieren musste. Eine kleine Unachtsamkeit liess ihn ausrutschen, eine kurze Zeit des Falls genügte, um ihm das Leben zu nehmen. Auf der Schrennen fand man den leblosen Körper des jungen Buben und musste ihn zu Tale tragen. Nie mehr würde er seine jungen Beine selber bewegen, nie mehr hüten, nie mehr lachen.

Die Schuld am unnötigen Tod des Buben ist allgegenwärtig und macht den Tod diesmal fast unerträglich. Wenn doch der Herrgott die Gewissheit geben könnte, dass er den Buben bei sich in der Engelschar haben wollte. Aber der Anblick seiner Mutter am Totenbett in der schönen Stube lässt einem das Herz zerspringen. Wie kann so jemand wieder ins normale Leben zurückfinden? Die Mutter muss ihren toten Sohn auf dem Bett betrachten. Der Bub war ihr schon vor der Heirat im letzten Herbst so ans Herz gewachsen, dass der Schmerz seiner leiblichen Mutter bei diesem Anblick bestimmt nicht hätte grös-

ser sein können. Das laute Beten der Anwesenden kann die Schreie der Frau, der Mutter nicht übertönen.

《 Den du oh Jungfrau geboren hast... 》

Der Rosenkranz von uns allen klingt bei mir selber wie ein Übertönen der eigenen, inneren Schreie und vermag nicht recht zu trösten. Die Zeit bis zum Abschied nehmen ist damit zwar gefüllt, das Loch in den Herzen jedoch nicht.

Und wieder ist es ein schöner Sommertag, an dem ein unsäglich schwerer Gang ansteht. Als die Träger den kleinen, weiss angemalten Sarg mit dem Buben aus der Stube tragen wird es für einen Moment beinahe unerträglich. Die Mutter und der Vater folgen als erste dem Sarg, der langsam Richtung Appenzell davongetragen wird. Die Schritte der beiden sind kurz und schwer. Die schwarze Schlappe der Mutter verdeckt ihre Ohren. Ihre Augen und die Tränen darin jedoch sind für alle sichtbar. Was sieht sie wohl? Was will sie überhaupt noch sehen? Der Leichenzug ist zwar ein Ausdruck von grosser Anteilnahme vom ganzen Dorf, aber vermag er zu trösten? Wann kommt das Gottvertrauen zurück?

Schon beginnt die Totenglocke für Kinder das Tal mit ihrem Schrei zu füllen; der Zug kommt der Kirche immer näher. Auf dem Friedhof ist die Stätte für die letzte Bleibe des Buben ausgehoben. Die Bewegung im Leichenzug ist zielgerichtet auf die letzte Ruhestätte eines meiner Neffen.

《 Der für uns ist gegeisselt worden... 》

Der Gang ist unausweichbar geworden und der Leichenzug schreitet betend voran. Vor der Kirche kommt der Zug zum Stillstand, das Gebet verstummt. Der Pfarrer empfängt die Trauernden mit seinem Gebet und mit tröstend gemeinten Worten. Doch ich habe diesmal den Eindruck, als ob gar keine tröstenden Worte gefunden werden könnten. Mich jedenfalls trösten sie heute nicht, und auch mein Bruder und seine zweite Frau scheinen darin keinen Trost zu finden. Der Moment der Übergabe des jungen Buben an die Erde zerreisst uns allen fast das Herz.

Der anschliessende Gang ins Gotteshaus stellt den Glauben an Gott diesmal wirklich arg unter eine Prüfung. Wenn Gott der Vater sein soll, dann ist er es in diesem Moment doch nicht. Er hätte dem Buben doch einen wachsameren Schutzengel zur Seite stellen können, der beim Geissen melken nicht geschlafen hätte. Was wäre es doch ein Leichtes gewesen, den fröhlichen Jungen noch zu einem wackeren Mann und Vater heranwachsen zu lassen. Das Leben eines solchen Jungen kann doch nicht nach sieben Jahren schon zu Ende sein. Wieder versucht der Pfarrer diesem Gang zum Friedhof mit dem Buben einen Sinn zu geben. Mich machen die Worte diesmal jedoch eher wütend, jedenfalls vermögen sie dem gewünschten inneren Ruf nach dem Sinn dieses Abschieds noch keinen Platz zu geben. Mein inneres Schreien will mich dieses Mal einfach nicht loslassen. Auch mein Bruder Josef sieht nicht so aus, als ob das bei ihm gelingen würde. Er stützt zwar immer wieder seine Frau, müsste aber eher selber gestützt werden. Wie kann Gott ein so strammes Paar so elend dasitzen lassen? Und schon mache ich mir mit dem Weihwasser an meinem Daumen ein Kreuz auf die Stirn:

《 Im Namen des Vaters,
des Sohnes und des heiligen Geistes. Amen 》

Beim Verlassen der Kirche scheint genug gesagt zu sein. Stumm gehen wir wieder auseinander und jeder seines Weges. Mit Frenz zusammen gehe ich über den Unterrain zurück nach Triebern. Stumm schreiten wir wieder einmal nebeneinander her. Frenz findet kurz vor unserem Haus jedoch schon wieder erste Worte. Erstaunlich wie er seinen Blick dieses Mal schon wieder nach vorn richtet. Fast scheint es so, als hätte er sich in der Zwischenzeit an dieses Abschiednehmen gewöhnt. Mein Bruder ist doch auch ein sehr guter Freund von ihm. Wie kann ihm das Leid eines guten Freundes schon wieder so weit weg sein? Aber vielleicht hat er Recht. Vielleicht nützt es wirklich nichts, seinen Blick nach hinten zu richten und das Geschehene gleichsam als schwere Last mitzutragen. Wenn ich, wenn doch mein Bruder auch so sein könnten. Aber ehrlich gesagt traue ich uns beiden nicht so gut. Um meinen Bruder habe ich sogar regelrecht Angst. Es könnte sein, dass dieser schwere Rucksack ihn zu Boden drückt. Sein Sohn war ihm sein Ein und Alles – ohne ihn wird sein eigenes Leben nicht mehr das von vorher sein. Der Sommertag wird zum Herbsttag, zum Wintertag werden. Wenn nur auch die Frühlingstage wieder in sein Leben zurückkommen werden. Das sollte doch mit 35 Jahren noch möglich sein. Vielleicht – hoffentlich – kann der kleine, erst gerade Mal 14 Tage alte Franz, das erste Kind mit der zweiten Frau Franziska doch neue Freude bringen. Mein Bruder sagt zwar, das sei ein schlechter, nein, das sei gar kein Tausch; der Josef sei ihm durch nichts zu ersetzen.

Kapitel 9

1903

Der Tag, der nicht zum Geburtstag werden wollte

Wieder einmal hatte mir die Petrollampe unserer Eltern die ganze Nacht erhellt und mir beim Warten geholfen. Doch diesmal hängt sie an der Wand, denn der Platz für ein Nachttischchen in unserem Zimmer auf dem Äscher ist nicht vorhanden. Und auch das Petrol ging einmal mitten in der Nacht aus und brachte die Lampe zum Erlöschen. Frenz musste Petrol nachfüllen um wieder einen leichten Schein in unser Zimmer zu bringen.

Der Tag war längst erwacht und mein Warten auf unser fünftes Kind hatte noch kein Ende gefunden. In der Zwischenzeit war auch die Hebamme in meinem Zimmer eingetroffen, die Frenz im Tal hatte holen lassen. Die Wehen nehmen zu und geben wieder nach, gerade so, als ob unser fünftes Kind das Licht der Welt nicht sehen möchte. Die Hebamme unternimmt alles, stützt mich immer wieder im Rücken, doch es tut sich einfach nichts. Da werden die Wehen wieder heftiger und stärker. Der Zeitpunkt scheint nun doch gekommen zu sein.

Ich erlebe sie als heftiger als je zuvor und spüre, wie ich langsam, aber wirklich nur langsam wieder ein Kind gebäre. Doch sind auch die Wehen heftiger und schmerzhafter, viel schmerzhafter und härter trifft mich die Aussage der Hebamme: «Er lebt nicht, dein Sohn ist tot.» In diesem Moment meine ich, selber sterben zu müssen. Das kann, das darf doch nicht sein. Er kann doch nicht tot sein, der kleine Jacob. Ich weiss, dass der Herrgott uns immer wieder für Diener an seiner Engelschar braucht. Ich weiss, dass ein Engel ein guter Fürsprech bei ihm ist. Aber er muss doch zuerst unsere Kinderschar vollzählig machen, er muss doch auch schreien, er muss doch auch atmen. Doch er atmet nicht. Sein Herz schlägt nicht.

《 Holid doch bitti wädli s'Wiehwasse – i de Stobe osse hets e Wiehwassegschieli bi de Tör zue uufghenkt. 》

Meine eigenen Schreie bringen unvermittelt meinen Frenz in unser Zimmer. Wie erstarrt schaut er auf die Hebamme, die den kleinen Buben mit Weihwasser besprengt. Er umarmt mich und will auch nicht wahrhaben, was geschehen ist. Er weint laut los und lässt mich dabei nicht mehr los. Der kleine, leblose Jacob wird von der Hebamme in die Tücher eingewickelt, die ich auch diesmal wieder auf der Kommode bereitgestellt hatte. Und er atmet nicht, er atmet einfach nicht. Mir wird schwarz vor den Augen.

Als ich wieder aufwache sind Frenz und die Hebamme noch immer in meinem Zimmer, und der kleine Jacob liegt – in die Tücher eingewickelt – auf dem Bett von Frenz neben mir. Mein Blick auf ihn macht mir bewusst, dass ich ein totes Kind geboren habe. Ich selber werde ihn nie in Tücher einwickeln. Und wieder einmal fehlen mir die Worte, diesen Moment meines Lebens zu beschreiben. Ich spüre eine ganz tiefe Trauer in mir aufkommen und mein Blick aus dem Fenster in den kalten, grauen Oktobertag erinnert mich an das Auslöschen der Petrollampe mitten in der Nacht. Ob das ein Zeichen für den bevorstehenden Tag gewesen sein sollte? Hat Jacob diese Welt wohl genau zu jenem Zeitpunkt verlassen, oder war es früher schon, oder gar erst später? Jedenfalls nützt bei ihm kein Nachfüllen des Petrols, um ihn zum Leben, um ihn zum Leuchten zu erwecken. Er wird das schwache Licht des Tages nicht erblicken. Er wird auch mein eigenes Leben nicht erhellen. Werde ich das tatsächlich überstehen?

Ein eigenes Kind auf den Friedhof tragen zu müssen, das sei eine der härtesten Prüfungen für einen Menschen, hat man mir schon oft gesagt, aber wenn das so sei, dann sei dies der Wille Gottes. Doch plötzlich bekommen diese Worte eine ganz andere Bedeutung für mich. Es wird mir klar, dass ich tatsächlich vor einer ganz harten Prüfung stehe.

Ich schaue auf meinen Sohn und stelle mir vor, wie nun auch ich in den kommenden Tagen von einem eigenen Kind auf dem Friedhof Abschied nehmen muss. Zuerst stellte der Herrgott meinen Bruder Franz, dann meinen Bruder Josef und jetzt auch noch mich vor diese Prüfung. Der Gedanke lähmt meinen Verstand und macht meinen Blick wahrscheinlich vollkommen leer. Jedenfalls kommt Frenz wieder einen Schritt auf mich zu und nimmt mich in die Arme. Doch diesmal ist kein Kind mehr zwischen uns. Es liegt neben uns, auf dem Laubsack meines Mannes, nimmt die Herausforderung des Lebens einfach nicht an und ist selber wie ein gefallenes Blatt.

«Wie sollen wir das unseren Kindern sagen, die sich doch so auf einen kleinen Bruder oder eine kleine Schwester gefreut haben», will Frenz von mir wissen. Doch ich weiss es doch auch nicht. Er schlägt mir vor, sie gleich jetzt zu uns zu holen und ihnen den kleinen Bruder zu zeigen.

Kurz danach stehen Franz, Maria Anna, Josef und Johann Baptist um das Bett von Frenz und schauen fragend auf den kleinen Jacob. «Er ist nur für ein paar Tage zu uns gekommen, aber sein Platz wird an einem anderen Ort sein», unterbricht Frenz die unheimliche Stille. Maria Anna kullern als Erster dicke Tränen über die Wangen und sie ist es auch die nachfragt, wo denn sein Ort sein werde, er hätte es doch bei uns am allerschönsten. «Er ist als ganz kleiner Engel zu uns gekommen und wird als Engel auch gleich wieder in den Himmel zurückgehen», antwortet Frenz. Ob denn ein Engel so aussehe, will Franz wissen, er habe sich Engel aber anders vorgestellt. So eingewickelt könne er doch nicht fliegen. «Nein, genau so sieht ein Engel aus, aber im Himmel bekommt er sofort auch noch Flügel und wird auch seine

Augen wieder öffnen, um uns von dort oben zu betrachten. Dort wird er zwar nicht allein sein, aber er wird bestimmt auf uns warten. Und in der Zwischenzeit wird er ganz gut für uns sorgen und beim lieben Gott ein gutes Wort für uns alle einlegen», sagt Frenz.

Die Worte meines Mannes trösten mich zwar nicht, aber ich sehe, dass sie unseren Kindern bereits den Glanz in ihre Augen zurückbringen. Da sagt doch der 4-jährige Josef: «Der soll ruhig noch ein Weile auf uns warten, denn mir gefällt es hier sehr gut.» Frenz schmunzelt, und sein Zwinkern bringt auch ein kleines Schmunzeln auf mein Gesicht. Ich spüre, dass wir gemeinsam diese harte Prüfung überstehen werden. Ich weiss, dass Frenz auch diesmal wieder die Kraft dazu hat. Das Licht der Tage wird auch für uns wieder einmal heller scheinen als an diesem grauen Tag. Die Prüfung wird nicht so schnell überstanden sein, sie wird uns vielleicht sogar für den Rest unseres Lebens begleiten, aber die Aussicht auf einen Engel im Himmel, der für uns sorgt, die lässt mich selber weiteratmen.

《Abe göll, mee bliebid no e gaazes Wileli uf dere Wölt ond gönd no nüd en Himmel uni. Me hends jo do au ase schöne. 》

Flüstere ich dem kleinen Josef ins Ohr, der ganz nah zu mir ans Bett gekommen ist.

Kapitel 10

– 1903/04 –

Der Winter, der Neues ans Licht brachte

≪ Etz wä's gliich gued, wenn me do en Äsche ue au e Telegrapheleitig hettid, denn chönteme is Wissbad abi brichte, was eer hüt i de Höhli inne gfonde hend. ≫

M eine Worte hallen noch nach in der kleinen Gaststube, in der sich die Höhlenforscher zu einem Festmahl um den Tisch versammelt haben. Keiner der rund 50 Anschlüsse an der Post in Appenzell hat heute etwas Besseres zu berichten als das, was wir zu erzählen hätten. Da würde das Fräulein auf dem improvisierten Postbüro in Appenzell sicher noch gerne an die Finger frieren, wenn sie dafür vom phantastischen Fund berichten könnte. Und die Herren von der Direktion für eidgenössische Bauten würden vielleicht auch einsehen, dass ein zeitgemässes Postbüro in Appenzell von Nöten wäre, denn auch das Appenzellerland hat der Welt für einmal mehr zu erzählen, als einfach vom Wetter auf dem Säntis zu berichten.

≪ Ischt doch bigoscht fascht nüd zom globe, dass mit dere Höhle-bäre scho vo Tuusige vo Johre au Mensche do obe gsee sönd. ≫

Emil Bächler nimmt eines der gefundenen Steinwerkzeuge zur Hand und prüft, ob es denn zum Abschneiden eines Stückes vom herrlichen Braten tatsächlich auch tauglich sei. Lachend ahmt er die

Laute eines Neandertalers nach, die sich über ein Stück Höhlenbärenfleisch freuen und sagt, dass die Welt dann schon noch früh genug von diesem Fund erfahren werde, aber erst einmal sei es doch an uns, dieses neue Geheimnis im Kreise der privilegierten Leute in dieser Gaststube zu geniessen. Der herrliche Rindsbraten sei ein vorzügliches Festmahl für diese Gelegenheit und wahrscheinlich ebenso gut wie das Fleisch der Höhlenbären vor ein paar Tausend Jahren. Allein schon der Gedanke an die Zeiten in so ferner Vergangenheit mache ihn ganz kribbelig und er könne es eigentlich noch gar nicht glauben, dass die gefundenen zwei Steinwerkzeuge tatsächlich Wirklichkeit seien.

Auch Frenz ist der Meinung, dass der Fund doch etwas ganz Gewaltiges sei und der Gegend um den Äscher und die Wildkirchlihöhlen zu einer ungeahnten Zukunft verhelfen werde. Eigentlich müsste gleich auch noch ein Gesuch gestellt werden für eine Bahn vom Weissbad zum Äscher, damit die Leute sich möglichst bequem in diese ferne Vergangenheit begeben könnten. Da sei doch die vor zwei Monaten erteilte Konzession für die Säntisbahn nach Wasserauen, über Seealp und Meglisalp zum hohen Säntis geradezu zweitrangig geworden und nur halb so nötig wie eine Bahn zum Äscher.

Sie stehe auch noch nicht, meint Emil Bächler, der vor drei Tagen am Fasnachtsumzug in Appenzell dabei war und gesehen hatte, wie sich einer der drei von Pferden gezogener Wagen über jenes verrückte Projekt lustig gemacht hatte. Es sei wirklich ein verrücktes Projekt, aber bis ins Weissbad müsste es auf jeden Fall realisiert werden, denn das Kurhaus habe wirklich viele Gäste, die von einer solchen Bahn profitieren könnten. Und wenn sie dann gleich auch noch einen Ausflug hier herauf machen und sich in den Höhlen ein Bild von vergangenen Zeiten machen könnten, dann wäre dies tatsächlich auch nicht schlecht.

Ein Bild von vergangenen Zeiten: In lebendigen Farben sind die Männer um den Tisch am Malen dieses Bildes von Höhlenmenschen und Höhlenbären, die – und das ist mit dem heutigen Tage klar ge-

worden – ganz offensichtlich hier oben gelebt haben mussten. Frenz bekleidet die damaligen Menschen mit Bärenfellen, gibt ihnen die auf dem Tisch liegenden Steinwerkzeuge in die Hand und lässt sie mit grimmiger Mine und starkem Blick, mit wuscheligen Haaren und grossen Knollennasen ganz eindrücklich vor unserem inneren Auge lebendig werden. Was mussten das für Zeiten gewesen sein? Und wir sitzen nun da, in einer Hütte aus Holz mit einem Ofen, der seine Wärme in den ganzen Raum abstrahlt und bei einem Festmahl, das wir mit Geräten aus Silber ganz zivilisiert zerteilen und unseren rumdum rasierten Mäulern zuführen.

Emil Bächler ist überzeugt, dass das Wissen von den heutigen Funden die Welt bereichern wird. Frenz sieht die Bereicherung vor allem im Umstand, dass das Appenzellerland dadurch viel älter und interessanter gemacht werde. Ich selber bin einfach stolz auf die Männer um meinen Tisch und hole zur Feier des Tages eine weitere Bodelle Wein im Keller. Der neue Wein, aber auch die unscheinbaren Steine mitten auf dem Tisch regen die Runde zu langen, äusserst interessanten Gesprächen über den Sinn des Lebens und den Lauf der Zeit an. Ich wusste gar nicht, dass Frenz sich darüber schon so viele Gedanken gemacht hatte und bin erstaunt, wie ähnlich wir auch in diesem Punkte sind und denken.

Es sei schon schön, etwas über die Vergangenheit zu wissen, aber die Gegenwart sei die Zeit, die von uns gelebt werden müsse und wir müssten dabei vor allem auch an eine lebenswerte Zukunft denken. Es wäre doch schön, wenn es die Menschen in noch einmal so vielen Jahrtausenden nach uns immer noch so gut miteinander hätten oder vielleicht sogar noch besser. Und jeder von uns müsste sich doch als das sehen, was er im Grunde genommen sei: Nur ein Überbrücker zwischen Generationen, aber eben ein Überbrücker, ohne den es auch nicht mehr weitergehen würde.

«Hast du unserem Franz eigentlich in unsere Winterhöhle im Tal schon telephoniert, dass ich heute etwas später hinunter komme, um ihm beim Melken unserer fünf Kühe zu helfen», fragt Frenz mich mit einem Lachen im Gesicht und erinnert mich mit seiner Frage an den Umstand, dass eine Telephonleitung zum Äscher auch in diesem Zusammenhang nicht schlecht wäre. Entschlossen steht er auf und macht noch auf eine andere Notwendigkeit aufmerksam: «Es wäre wieder einmal besser, wenn wir noch unseren Knecht hätten und nicht mit dem eigenen Buben Geld sparen wollten». Ebenso entschlossen begibt er sich – schon recht spät in der Nacht – auf den Weg ins Tal. Der Franz wird froh sein und die Kühe werden es den beiden heute noch mit etwas Milch, später dann mit einem feinen Braten danken.

> « Me chönt gaaz adlegi Gedanke öbecho, wenn me gad e betzeli öbeläät. Früenne ischt früenne gsee ond hüt ischt hüt. Gad de Herrgott hets scho alewile gee ond ös Lüüt het e all gad fö e Wiileli uf d'Wölt gschickt ond denn wiede kholt. Das ischt denk bi dere Steebruucher scho eso gsee. »

Auch mich holt die Gegenwart nach kurzer Zeit in meinem Bett wieder ein und schenkt mir ein überaus zufriedenes Gesicht, das nach ebenso kurzer Zeit an meinen geschlossenen Augen verrät, dass ich eingeschlafen bin. Doch das friedliche Plappern vom kleinen, vierjährigen Baptist im Bettchen neben mir weckt mich schon nach wenigen Stunden aus einem herrlichen Traum, der in lebendigen Bildern die Worte vom Vorabend in der Gaststube weitergezeichnet und vervollständigt hat. Der Traum von der Schöpfung des Menschen durch einen gütigen Gott hat dabei erneut Bestätigung erhalten.

Mit dem Kleinen an der Hand gehe ich die Treppe hinunter und gehe zuerst in die Gaststube, wo die Steine noch auf dem Tisch liegen. Baptist überrascht mich mit der Frage, ob wir gestern Abend noch gespielt hätten. Ich lache.

> « Nei, nei, me hend nüd gspielt demit,
> me hend gad gschwätzt öbe die Stee. »

Jetzt lacht der Kleine und holt mich damit wieder wacker auf den Boden. Vielleicht braucht es doch keine Telegraphenleitung und auch keine Bahn zum Äscher wegen diesen Steinen.

Kapitel 11

– 1904 –

Bruder Josef A. bekommt den Bergkoller

Die Wintertage bei Bruder Josef sind vorbei. Zwei Buben, den Franz und den Johann, hat ihm seine Franziska in den letzten zwei Jahren geschenkt. Zwei Jahre nach dem Abschied von seinem ersten Bub Josef hat er sein Gottvertrauen längst wieder zurückgewonnen, kommt wieder aufrecht daher und weiss, was er will. Der Winter in unserem Alpstein ist ihm zu hart und zu lang, der Frühling kommt zu spät. So hatte ich das damals natürlich nicht gemeint, als ich ihm Frühlingstage wünschte.

Er will uns tatsächlich auch verlassen. Nicht wegen dem Melken, das offenbar über dem Bodensee tatsächlich mehr Geld gibt als hier. Nicht wegen der RS, die hat er auch längst hinter sich. Nicht wegen der Enge der Berge, er war oft auch auf ihren Gipfeln. Und eigentlich auch nicht wegen den langen Wintern und dem späten Frühling, sondern viel eher wegen den Erinnerungen, die ihn überall wieder einholen. Aha, jetzt weiss ich, wie ich ihn zurückhalten kann. Ich erzähle ihm von den schönsten Erlebnissen aus unserer Jugendzeit, die ihm ganz sicher auch in bester Erinnerung sind.

《 Wäscht no, wie me denand amel vo de Rorati vo de Chölche d'Wadebönde abklocked hend ond denn natülig mit astig rote Hend i d'Chölche sönd? Ond noch de Rotati hets ös doch mengmol e chli gföcht öbes schmal Bröggli em Schwendibach onne. Me het mengmol eebe töre uufpasse. 》

Aber dann, dann konnten wir – wenn der Lehrer endlich auch gekommen war – im Schulzimmer unsere herrlichen Zuckerbrote essen. Brot, Butter und Zucker, das gab es nur im Advent. Und noch etwas gab es nur im Advent: Keiner von uns musste in dieser Zeit gross mitanpacken zuhause. Wir durften im Heustock Hütten bauen bis wir selber nur noch nach Heu rochen. Wir durften sogar in der Nebenstube herumrennen und die Sachen liegenlassen, die wir am nächsten Tag wieder brauchen wollten. Eigene Welten waren dabei entstanden, immer gepaart mit der Vorfreude auf Weihnachten. Und wenn dann der Heilige Abend da war, dann durften wir im Schlafzimmer unserer Eltern warten, bis das Christkind den Baum in der Stube geschmückt hatte. Dass das Christkind bei uns einen Baum brachte war schon etwas ganz Spezielles und nur möglich, weil mein Vater einen eigenen Wald hatte, denn bei den meisten Familien blieb der Chlausezüg mit den harten, nicht zum Essen bestimmten Bickli der einzige Schmuck im Advent und an Weihnachten. Wir hingegen sind jeweils fast zerplatzt vor Neugier auf den Christbaum in der Stube und konnten den Moment kaum erwarten. Und dann der Eintritt in die Stube, brennende Kerzen und wunderschöne Strohsterne am Baum, der Vater, der vier, fünf Weihnachtslieder anstimmte und kräftig mitsang. Ein paar Socken, neue Strumpfhosen, eine Schürze oder eine Hose – jeder von uns bekam ein Geschenk, das wir manchmal sogar sofort brauchen durften. Manchmal kam es schon auch vor, dass die Mutter ein Geschenk wieder einpackte, damit sie uns an der nächsten Weihnacht wieder damit erfreuen konnte. Und das Allerschönste war für mich immer der feine Znacht mit dem Schwinis und den süssen Räben. Nein, noch schöner war eigentlich der Gang durch die Winternacht zur Mette in der Kirche, wo der Chor immer so schöne Lieder sang. Ich war auch immer erstaunt, wie sich die Kirche am Tag des Heiligen Abend von der Roratemesse am Morgen bis zur Mette um Mitternacht, zusammen mit dem wohlriechenden Duft von Weihrauch in der Luft und der wunderschönen Krippe mit dem Christkind vor dem Altar, in den schönsten Platz auf dieser Welt verwandelt hatte.

« Wäsch no, … »

Schöne Erinnerungen, Momente, an die sich auch Josef liebend gerne erinnert. Aber die Märchenzeit von damals sei vorbei, sagt er mir. Diese Zeiten hätten ihm tatsächlich den Rucksack seines Lebens mit süssen und nahrhaften Dingen gefüllt, an denen er noch heute gerne knabbere. Knabbere, aber nicht mehr. Und ich wisse doch selber bestens, dass ihm sein Rucksack in den letzten Jahren mit Steinen gefüllt worden sei, an denen sich schlecht knabbern lasse. Im Gegenteil, diese Steine seien wirklich nicht nur keine Nahrung, sondern schwere Last. Wenn es ihm gelungen wäre, diese Steine jeweils nach einer gewissen Zeit wieder aus seinem Rucksack zu nehmen und irgendwo liegen zu lassen, dann, ja dann …

Ich nehme es ihm tatsächlich ab, dass er diese Steine wahrscheinlich erst aus seinem Rucksack bringt, wenn er weiterwandert, wenn er wegzieht. Er kann sie ja dann in die Sitter werfen beim Gehen. Eigentlich wünsche ich Josef und seiner Frau genau dies von Herzen.

Im Thurgau können sie eine grosse Liegenschaft aus einer Erbschaft übernehmen und ziehen dorthin. Die Steine kann er dabei tatsächlich aus seinem Rucksack werfen und sie holen ihn auch nicht wieder ein, denn die Liegenschaft liegt nicht an der Sitter.

Nein, es war wirklich gut, dass sie anderswo eine neue Existenz aufbauen konnten. Wenn immer er wieder im Alpstein vorbeikommt scheint Josef nicht nur glücklich, sondern er ist es. Er erzählt mit Freude und Stolz von seinen Kindern und seine Familie wird auch fast von Jahr zu Jahr grösser. Und das Schönste für mich ist dabei, dass er mich immer wieder mit schönen Erinnerungen aus unserer gemeinsamen Jugendzeit überrascht und damit beweist, dass er mich, dass er unsere Jugend nicht vergessen hat. Fast so, als ob er mich hier im Äscher, hier auf Triebern in unserem Elternhaus behalten möchte. Aber keine Angst, ich bleibe, ich bin hier zufrieden. Nicht immer glücklich, aber schon zufrieden. Und er selber scheint dabei tatsächlich fast vergessen zu haben, was ihn zum Wegziehen bewogen hatte. Aber ich werde ihn auch nie mit einer Frage daran erinnern. Es gibt genug Schönes, an das ich ihn erinnern kann und ich frage:

《 Wäsch du no,... 》

Kapitel 12

— 1908 —

Die Meglisalp geht in jüngere Hände

Zum Glück sind die Tage bei uns im Alpstein im Sommer so lange hell. So kann ich auch nach Feierabend in unserer Gaststube beim Äscher von meinem Fenster aus noch ganz klar sehen, wie mein Schwiegervater strammen Schrittes wieder seiner geliebten Meglisalp zuwandert. Trotzdem möchte er seine Meglisalp einem seiner Söhne verkaufen, sie in jüngere Hände übergeben. Ob wir denn Interesse hätten, im nächsten Frühling vom Äscher in die Meglisalp zu wechseln, fragte er Frenz und mich heute Nachmittag in unserer Gaststube.

Aber Johann Josef wollte doch schon lange Wirt auf der Meglisalp werden. Und eigentlich wäre Johann Josef, der jüngere, 26-jährige Bruder von Frenz auch der Richtige für die Meglialp, denn im nächsten Frühling ist die Hochzeit mit seiner Franziska geplant und sie haben beide grosse Freude an der Meglisalp.

« Nei nei Vate, mee hend doch etz de Äsche ond me
hends do meh as gad rechte. »

Ja schon, aber die Meglisalp ist mir eben doch schon in ganz frühen Kindertagen recht wacker ans Herz gewachsen. Und das wäre doch auch für uns ein Platz zum Sein.

Mit vielen Gedanken an die Meglisalp finde ich meinen Schlaf. Im Traum erscheinen mir viele Zeiten auf der Meglisalp als wunderschöne Bilder. Als meine Brüder Franz und Josef als Senn und Handbub in der Hütte oberhalb der Meglisalp den Sommer verbrachten, da habe ich sie immer wieder besucht. Franz hatte jeweils die Kühe zu melken und war von seinem Gang mit der Milch auf den Säntis und in die Meglisalp oft so müde und erschöpft wieder in die Hütte zurückgekehrt, dass mein kleinerer Bruder Josef das Käsen übernehmen musste, obwohl er doch mit seinen Geissen auch schon einen strengen Tag gehabt hatte. Und die Nächte waren auch nicht immer so erholsam, denn der Schlaf in den harten Heubetten – zugedeckt mit Decken aus zusammengeknöpften, stinkigen Hosen und Kitteln – war trotz Müdigkeit oft nicht leicht zu finden. Lebendig sehe ich das einzige, kleine Fensterchen in der Wand der Hütte, durch welches sich oft nach kurzer Nacht gar allzu früh schon wieder der neue Tag ankündigte, der wiederum viel neue Arbeit mit sich brachte. Ich rieche den groben Geruch des Feuers in der Hütte, welches nicht nur Wärme für uns und unsere nassen Kleider in die Hütte brachte, sondern auch beissenden Rauch, welcher durch keinen Kamin ins Äussere abziehen konnte, denn es war gar kein Kamin vorhanden. Auch ein Ofen fehlte natürlich in der kleinen Hütte, die gar keine Stube hatte. Gegessen wurde oft ganz wenig. Das Wenige eben, das vorhanden war. Und trotzdem war es eine schöne Zeit, machen mich die Erinnerungen daran glücklich.

Zudem gingen die beiden Brüder oft auch mitten im Winter mit grossen Krenzen mit Kesseli von Frischmilch, Brot, Eiern, Fleisch, der Post und vielem anderem mehr auf den Säntis, um dort den Wetterwart vorzüglich zu bedienen. Bilder einer Erzählung der beiden nehmen lebendige Form an. So hatten die beiden einmal im März den Weg zum Säntis mit vollen Krenzen unter die Füsse genommen und mussten beim nicht nachlassen wollenden Sturm in der Gaststube in der Meglisalp während drei Tagen Halt machen. Josef hatte den ganzen Tag Arbeit mit dem Ofen in der Gaststube, den er mit dem Holz einheizte, das er durch einen Gang aus einem Fenster im zweiten Stock des Hauses auf der Heubühne nebenan geholt hatte, auf der es von Vetter Sebedöni im Herbst eingelagert worden war. Und trotzdem sei es ihm nicht gelungen, den Schnee in der Stube zum Schmelzen zu bringen, welchen der Sturm durch Ritzen in der Hausmauer und im Holztäfer in die gute Stube hineingeblasen hatte.

Immerhin hatte die Gaststube im Vergleich zur Alphütte einen Ofen. Und die Hitze dieses Ofens hatte dazu gereicht, den Schnee zum Schmelzen zu bringen, welchen Josef mit einer Kelle durch einen kleinen Spalt in der leicht aufgestossenen Türe in die Hütte holen konnte. Das Wasser sei dann jedoch bis am Morgen im Hafen auf dem Ofen wieder zu Eis erstarrt gewesen und habe von neuem geschmolzen werden müssen, bevor es habe getrunken werden können. Dass die beiden in diesen Tagen aber nicht nur Wasser getrunken haben, das zeigte sich an der in der Zwischenzeit um einiges leichter gewordenen Last, welche die beiden nach dem Nachlassen des Sturmes endlich auf den Säntis hinauf brachten.

Kaum vorstellbar, dass die Gaststube auf der Meglisalp im Winter so unwirtlich sein konnte. Die Bilder von meiner Zeit als Mädchen bei Vetter Sebedöni – und Frenz – auf der Meglisalp erscheinen nämlich viel schöner und gemütlicher in meinem Traum. Nicht nur der Ofen zauberte oft gemütliche Wärme in die schöne Stube, sondern auch die vielen Gäste. Lieder erklingen in meinen Ohren und ich sehe mich, wie ich kräftig mitsinge. Die Aufforderung von Vetter Sebedöni, doch noch ein Lied anzustimmen, verhallte nicht ungehört und brachte mich oft in eine Situation, die mir nun im Traum als wunderschön aufleuchtet.

《 Me hend e schös Lendli, goht's eu au wie ös ... 》

Da erwache ich und sehe, dass auch Frenz neben mir bereits wieder wach ist. Er habe nicht so gut geschlafen, aber nicht nur weil ich im Traum gesungen habe, sagt er zu mir. Der Gedanke eines Wechsels auf die Meglisalp habe ihn die ganze Nacht verfolgt. Zu schön seien ihm die Zeiten seiner Jugend auf der Meglisalp in Erinnerung, als dass der Wechsel nicht verlockend wäre. Doch der gerade neu erwachende Tag bringe ihm die gewünschte Klarheit in seinen Kopf. Immer deutlicher werde für ihn, dass Johann Josef und Franziska eher in die Meglisalp gehörten als wir zwei. Und wenn die beiden auch noch bereit seien, die Meglisalp mit der jüngeren Schwester Maria Magdalena zu teilen, dann sei das ein Glück. Zudem hätten wir beide mit dem Äscher ja bereits einen wunderbaren Platz auf dieser Welt, an dem wir wirken könnten.

Wir schauen uns beide in die Augen und stehen auf, um das neue Tagwerk in Angriff zu nehmen. Voll Freude stehe ich schon kurz danach vor unseren ersten Gästen und bediene sie nach ihren Wünschen. Die Träume der letzten Nacht begleiten mich durch den Tag und bei jedem Gang auf die Terrasse schweift mein Blick wieder ab in Richtung Meglisalp. Dabei verschwinden die Gedanken an den Wechsel immer mehr aus meinem Kopf. Ich sehe die beiden jüngeren Geschwister von Frenz auf der Meglisalp die Gäste bedienen und

weiss, dass die beiden das nicht nur richtig, sondern sehr gut machen werden.

Heute werde ich nach dem Feierabend wieder an das Fenster in unserem Schlafzimmer stehen und den beiden – und dem Schwiegervater – in der Meglisalp zujauchzen.

Kapitel 13

– 1912 –

Die Säntisbahn bringt noch mehr Gäste

In Winkeln seien sie in die Bahn eingestiegen, die sie im Fluge durch das ganze Appenzellerland über Herisau-Urnäsch-Gonten nach Appenzell gebracht habe, wo sie dann in die neue Säntisbahn umgestiegen seien, die sie nach Wasserauen gebracht habe. Von dort hier herauf zum Äscher sei es schon noch ziemlich steil und anstrengend und sie hätten gewiss einen guten Tropfen Wein verdient.

Ich bringe den vor Freude über die Anreise nur so sprudelnden Gästen eine Bodelle Wein und schenke ein. Doch die lieben Leute würden ihren grossen Durst vielleicht besser mit etwas Milch oder Wasser löschen, dann würden ihnen die Sinne vielleicht eher beieinander bleiben. Schon nach kurzer Zeit ist nämlich der Lärmpegel in der Gaststube so hoch, dass man sein eigenes Wort kaum mehr verstehen kann. Was wird da geprahlt und gelobt in den höchsten Tönen. Natürlich ist es eine gute Sache, wenn man jetzt als Gast von weit her bis nach Wasserauen mit der Bahn gelangen kann, aber so etwas Aussergewöhnliches ist es dann doch auch wieder nicht. Bahnen dieser Art wurden in letzter Zeit schon vielerorts gebaut und sind sicher bequem, aber es geht auch Einiges dabei verloren. So wurde zum Beispiel der Postkutschenbetrieb von Appenzell nach Weissbad einfach kurzerhand eingestellt, dabei war es doch sicher ebenso schön, sich von Appenzell mit der Postkutsche ins Weissbad zu begeben. Doch dies ist nun offensichtlich der Lauf der Zeit und die Moderne verlangt wohl nach anderen Möglichkeiten.

Gewiss ist es gut, wenn man mit einer Bahn, die den Strom direkt vom neuen Kraftwerk in der Wasserauen mit Wasser aus dem Seealpsee bezieht, nach Wasserauen gelangen kann. Aber der Preis dafür lässt sich auch sehen und kann noch lange nicht von jedem aufgebracht werden. Da müssten sich dann diese Herren der Bahn doch auch noch etwas überlegen, damit auch weniger Betuchte von diesem Angebot profitieren könnten. Natürlich war auch die Postkutschenfahrt nie gratis, aber immerhin war sie ein Erlebnis der besonderen Art.

Und auf den Säntis könnten sich doch auch wieder nur die Reicheren bequem bringen, denn der Aufwand für die Strecke von Wasserauen auf den Säntis wäre ja gewaltig. Es erstaunt mich jedenfalls überhaupt nicht, dass sie das Geld dafür nicht zusammenbringen. Und vielleicht ist das auch ein grosser Segen für unseren Alpstein, wenn das so ist. Grosse Hotels in der Seealp, auf der Meglisalp und dem hohen Säntis würden unter Umständen zwar viele Gäste in die Region bringen, aber die Landschaft könnte auch arg darunter leiden. Und auch das Bild von den vielen gutbetuchten Gästen als gewöhnungsbedürftige Mischung mit den weniger betuchten Appenzellersennen auf unseren Alpen scheint mir nicht sehr erstrebenswert zu sein.

Dass die zwar wenigen, aber liberalen Herren in unserer hohen Regierung darin das Heil für das Appenzellerland sehen scheint mir typisch. Doch ich würde mir wünschen, dass die noch in der Mehrzahl vorhandenen Konservativen und parteilosen Bauernvertreter in der Regierung Oberwasser behalten könnten. Eine Bahn bis hinauf zum Säntis könnte unsere Landschaft für alle Zukunft dermassen verändern, dass das Appenzellerland schon bald nicht mehr das Appenzellerland sein könnte. Nein, es reicht, wenn die Bahn bis nach Wasserauen fährt, weiter muss gar nicht gebaut werden. Ich jedenfalls werde keinen Rappen an die Weiterführung der Bahn bezahlen.

Man sieht ja, was für Gäste man dadurch plötzlich in seiner Wirtsstube antrifft und was die für einen Radau verführen. Sicher sind nicht alle so, aber doch immer mehr. Ich gebe ja zu, dass mir die Gedanken dabei auch ein wenig durcheinander geraten, auch ohne Wein. Natürlich ist es gut, wenn möglichst viele Gäste den Weg zu uns herauf finden, aber manchmal können eben doch weniger auch mehr sein. Nur gut, dass wir nicht mehr in der «Wasserau» wirten, wo die Bahn nun direkt vor der Haustüre anhält.

Ich weiss, dass Frenz dies für einmal ganz anders sieht als ich. Er ist in dieser Hinsicht bedenklich liberal und sieht immer nur die Vorteile. Dabei ist er doch in der Meglisalp aufgewachsen und weiss allzu gut, wie beschaulich das Leben auf der Meglisalp immer war und auch heute noch ist. Dass mit der Bahn etwas Schönes verloren gehen könnte, das sieht er überhaupt nicht. Im Gegenteil, er meint, dass die Meglisalp dadurch doch eine Goldgrube werden und auch sonst nur gewinnen könnte.

《 Wä jo Sönd ond Schad, wenn die Bah i Meglisalp ini gieng. Wenn's gad au s'Göld nüd zeme bringid. Also ii geb siche nütz dra ani. 》

Frenz schüttelt nur den Kopf, der in dieser Sache wirklich aus anderem Holz zu sein scheint. Ich selber hoffe, dass ich noch viele Jahre zu Fuss in die Meglisalp gehen kann. So wird es sich auch lohnen, dorthin zu gehen, denn die Meglisalp wird so die Meglisalp bleiben, wie ich sie aus meinen jungen Jahren kenne. Der vor drei Jahren verstorbene Vetter Josef und Maria Magdalena, die vor zwei Jahren ebenfalls verstorbene Schwester von Frenz würden es ganz sicher auch so sehen wie ich. Von Johann Josef, dem die Meglisalp heute gehört, weiss ich nicht so recht, ob er genau so denkt wie sein älterer Bruder Frenz. Ich weiss aber, dass er sich in seinem Sennendörfchen sehr wohl fühlt, welches vor 7 Jahren durch den Bau der Kapelle zu einem eigentlichen, kleinen Juwel im Alpstein geworden ist. Was würde da die Zusicherung der Standeskommission nützen, dass in einem Umkreis von 10 Metern um die Kapelle nicht gebaut werden dürfe, wenn vielleicht in 15 Meter Entfernung ein Bahnhof entstünde. Nein, das wäre mit Bestimmtheit nicht mehr meine Meglisalp, und hoffentlich auch nicht die von Johann Josef. Soll er doch weiterhin nebst dem Wirt auch noch der Mesmer der schönen Kapelle auf der Meglisalp sein; da braucht er doch nicht auch noch die Arbeit eines Stationsvorstandes.

Ich merke auch, wie mich die «Bahngäste» in der Wirtsstube ganz eigentlich zum Nachdenken bringen und vergesse darob schon fast, dass ich mich langsam ums Mittagessen kümmern sollte. In der Küche ertappe ich mich, wie ich immer wieder auf den Fels schaue, der eine Wand unserer Küche bildet. Ich entdecke in ihm Strukturen und Formen und werde mir bewusst, dass der Zahn der Zeit wohl über Jahrtausende an diesem Fels gewirkt hat, dass er nun aber unter Dach ist und damit – als Wand unserer Küche – anderem ausgesetzt. Wieviele Jahre wird dieser Fels wohl ein Teil unseres Hauses sein und was wird wohl anderen durch den Kopf gehen, die diesen Fels in Jahrzehnten nach mir betrachten werden? Werden sie noch genau so denken wie ich oder werden andere Überzeugungen die Köpfe der Menschen an

diesem Ort füllen? Aber mit Bestimmtheit werden sie sich auch in Jahren noch darüber freuen, dass der Alpstein – ohne Bahn durch die schönen Alpen – doch der Alpstein geblieben ist. Oder vielleicht auch nicht? Eigentlich kann mir das ja auch einerlei sein, denn mich wird es ja nicht mehr betreffen.

Die «Bahngäste» von der Gaststube haben in der Zwischenzeit auf die Terrasse hinaus gezügelt und ich bringe ihnen das bestellte Mittagessen nach draussen. Ein Blick auf die umliegenden Berge und auf die Meglisalp lässt sie von Neuem schwärmen. Das sei ihr nächstes Ziel, wenn nicht mit der Bahn bis hinauf, dann halt auch zu Fuss. Ich mag es ihnen gönnen, die Meglisalp auch einmal zu erleben, aber doch bitte zu Fuss.

Nach einem anstrengenden, aber schönen Tag schlage ich Frenz am Abend im Bett vor, in den nächsten Tagen doch auch wieder einmal seinen Bruder Johann Josef und seine Gattin Franziska Josefa zu besuchen, nicht nur wegen der beiden, sondern auch einfach ...

《 Chooscht mit Frenz? Hescht d'Schue parad?
I de Nacht hetteme enad em beschte dewiil. 》

Er müsse schlafen und er warte auf die Bahn, gab er mit einem Zwinkern zur Antwort und schläft tatsächlich schon nach dem zweiten «Gegrüsst seist» ein.

《 Gegrüsst seist du Maria, voll der Gnade, der Herr ist mit dir ...
Ond mach doch bitti, dass' s'Göld gad bis i Wasseraue
hönderi zeme bringid. 》

Kapitel 14

1912

Der älteste Sohn Franz wird volljährig

Trotz des späten Herbsttages – es ist schon wieder die Woche vor Allerheiligen – ist es immer noch schön warm an der Hauswand unseres Gasthauses. Der Schwarm Dohlen geniesst die warmen Aufwinde vor dem Haus noch in vollen Zügen und die schwarzen Dohlen scheinen begriffen zu haben, was das Leben ausmacht und wie man die Natur geniessen kann. Auch Franz scheint den gestrigen Abend mit Freunden im Weissbad lange genossen zu haben, denn ich hörte ihn erst gegen fünf Uhr in der Früh von seinem Fest zum Zwanzigsten wieder nach Hause kommen. Noch schläft er und will nicht viel vom schönen Herbsttag wissen.

Aber er scheint auch sehr gut zu wissen, was er mit seinem Leben nach zwanzig anstellen will. Er möchte am liebsten Kühe hüten auf der Altenalp und zwischendurch uns zur Hand gehen im Äscher. Wenigstens hat er seinen Traum vom Säntisträger vergessen. Doch Josef Anton ist immer noch oder immer mehr davon begeistert und freut sich bereits auf den Tag, an dem er nicht mehr in Schwende zur Schule gehen muss. Er habe genug Kraft, um danach als Säntisträger zu arbeiten. Wenn diese Buben doch etwas vernünftiger wären. Mit seinen Fähigkeiten in der Schule könnte er doch sehr gut im Kollegium St. Antonius in Appenzell weiterschulen und danach vielleicht sogar Priester werden. Er müsste auch nicht, so wie viele andere, mit seinem Zeugnis um einen Beitrag an sein Studium betteln gehen. Dazu würden unsere Verdienste hier im Äscher längst ausreichen. Ich hole das Faltblatt in der Küche, welches mir gestern bei der Buttersammlung von einem Kapuziner abgegeben wurde: Mit reiner Gebirgsluft, schöner Lage, grossem Spielplatz und weiten Räumlichkeiten macht das Kollegium für sich Werbung. Josef Anton fand, er habe auch als Säntisträger viel reine Gebirgsluft und schöne Lage, und auf einen grossen Spielplatz und grosse Räumlichkeiten könne er bestens verzichten. Dabei wäre das doch so eine Chance für den Buben, wenn er nur ein bisschen wollte. Andere Bauernbuben mit ähnlich guten Zeugnissen scheinen gescheiter zu sein als unser Josef Anton und nutzen diese Chance doch auch. Ich weiss beim besten Willen nicht, wie ich ihn dazu bringen könnte. Sein Vater könnte mir dabei ruhig auch ein bisschen mehr Unterstützung sein und nicht immer derart von unserem Leben in den Bergen schwärmen, dass die Buben darin ihre einzige Zukunft sehen.

« Fö die paa Pfond Schmalz hett doch de Pate
ösen Josef au e chli chöne is Gebet nee. »

Manchmal habe ich wirklich den Eindruck, eine Mutter könne ihren Kindern nicht viel mehr als das Leben schenken und müsse sie danach ihrem eigenen Schicksal und ihren eigenen Wünschen überlassen. Wenn das nur so einfach wäre. Ein Bub müsste aber auch merken, dass eine Mutter nur das Beste für ihn möchte und er dürfte daher ruhig auch ein wenig auf ihre Ratschläge hören. Eine Mutter merkt doch auch, was für ihren Sohn gut sein könnte. Es ist schon schwer genug, wenn sie den Entscheid über die Länge des Lebens ihrer Kinder jemand Anderem überlassen muss. Eine tiefe Trauer trifft mich wieder – im warmen Schirm unseres Hauses – als ich an unseren fünften Buben, den Karl Anton denke, den ich diese Woche an Allerheiligen bereits zum dritten Mal auf dem Kindergrab in Appenzell besuchen muss. Warum durfte er nur ein Jahr bei uns sein? Vielleicht hätte wenigstens er ein bisschen mehr auf seine Mutter gehört, wenn er noch da wäre. Doch warum hätte er anders sein sollen? Auch Johann Baptist scheint mit seinen 12 Jahren bereits nicht mehr so viel von den Ratschlägen seiner Mutter zu halten. Nur die beiden älteren Schwestern sind noch einsichtig und merken, wie gut ich es mit ihnen meine. Aber Buben sind halt auch in diesem Punkt ganz anders als Mädchen.

Ich schweife in meine eigenen Jugendjahre ab und merke, dass ich eigentlich auch schon recht früh auf die Ratschläge meiner Eltern verzichten konnte und gerne das machte, was ich in meinem eigenen Kopf hatte. Aber es gab immer auch Sachen, bei denen mir der Ratschlag meiner Eltern wichtig war. Gut, so schlimm ist es mit meinen Buben zwar nicht. Ab und zu machen sie durchaus das, was ich mir vorstelle und mir von ihnen wünsche. Aber eben, nur ab und zu. Aber sie müssten doch auch sehen, dass wir als Eltern Vieles nur deshalb machen, weil wir unseren Kindern etwas ermöglichen möchten. Gut, das habe ich – wenn ich mich richtig erinnere – damals selber zwar auch nicht gar immer so gesehen. Aber heute weiss ich, dass meine Eltern viele Opfer auf sich nahmen, um uns ein gutes Leben zu ermöglichen.

> « Abe i wäss jo sölbe mengmol nome recht,
> was e guets Lebe ischt. »

Es ist halt glaube ich tatsächlich so, dass jeder das nur für sich ganz alleine entscheiden kann und die Betrachtung anderer Leben unter diesem Gesichtspunkt von aussen nur schwer oder gar nicht gemacht werden kann. Muss ich den Dingen tatsächlich ihren Lauf lassen? Kann ich nicht einmal den eigenen Kindern in dieser Hinsicht behilflich sein?

In diesem Moment holt mich Frenz aus meinen Gedanken in den Alltag zurück und fragt, wann denn der Zmittag bereit sei. Ich gehe in die Küche und beginne zu kochen, für mich und für alle anderen. Ich kann doch auch nicht nur für mich schauen. Ich muss halt auch ab und zu das machen, was andere von mir erwarten oder gar verlangen. Die Freude an meiner Arbeit ist im Moment nicht allzu gross und ich koche, damit gekocht ist.

Doch als ich die zwei Mädchen beim Auftischen sehe und die drei Buben auch beim Vater am Tisch sitzen, da wird mir wieder viel wohler. Alle haben Freude an meinem Zmittag und Franz erzählt mit ebenso grosser Freude von seinem gestrigen Abend. Ich bin froh, dass ich ihnen mit meiner Arbeit immer wieder Freude bereiten kann. Ich muss mir gar keine grossen Gedanken machen, was für Pläne sie für ihr Leben schmieden. Es ist ja schön, wenn sie diesen Teil selber übernehmen. Es ist ja gut, wenn sie selber entdecken, was ihnen Freude macht und was für sie ein gutes Leben ausmacht. Die Stimmung am Tisch ist ausgezeichnet und Frenz verteilt bereits die Arbeiten, die von jedem einzelnen heute gemacht werden sollen, um die heurige Saison im Äscher wieder abzuschliessen. Und plötzlich sind wir wie der Schwarm von Dohlen vorher draussen: Wir geniessen die letzten warmen Windchen im Äscher und sind gemeinsam unterwegs. Ich fühle mich sehr wohl dabei.

Kapitel 15

– 1914 –

Schwester Maria Barbara wird noch Mutter

Der Horner, vor dem ich schon seit dem letzten Sommer Angst hatte, ist schon fast zu Ende. Ich erinnere mich noch sehr gut an jenen Sonntag im August letzten Jahres, an dem meine Schwester Maria Barbara wieder einmal bei uns im Äscher als Aushilfe im Einsatz war. Sie bediente die Gäste auf der Terrasse als ich plötzlich merkte, dass sie zugenommen hatte. Sie hatte offensichtlich den Bauch einer Schwangeren, der sich unter der Tracht nicht mehr verstecken liess. Darauf angesprochen bestätigte sie meine Vermutung. Doch die Freude darüber war von ganz kurzer Dauer, denn der Vater des Kindes sollte nicht irgendein Liebhaber sein, sondern mein eigener Frenz.

« Bhüet mi Gott. E söttigi Schand. Min Frenz. Bhüet is Gott. »

Maria Barbara musste an diesem Tag nicht mehr weiter bedienen, denn ich schickte sie auf der Stelle ins Tal mit der Bitte, sich hier oben ja nicht wieder zeigen zu lassen. Sie war nicht die Einzige, die sich bei jenem Abschied mit Tränen in den Augen verabschiedete, die Tränen füllten auch meine Augen. Frenz blieb dabei erstaunlich gelassen und tat so, als ob nichts geschehen wäre. Ich konnte ihn nicht mehr anschauen, nicht nur wegen der Tränen. Ich arbeitete aufgewühlt weiter und konnte damals den Abend kaum erwarten. Es kam nämlich selten vor, dass ich den Gästen fast nicht mehr begegnen konnte, aber an jenem Tag war es so. Ich war bestimmt eine ganz unaufmerksame Gastgeberin an jenem Tag, und meine – unsere – Kinder kamen mir auch am besten nicht mehr unter die Augen. Ihr Anblick liess mich die Züge von Frenz in den ihren auf eine derart komische Weise erkennen, dass ich sie am liebsten nicht mehr anschaute.

Hatte er doch tatsächlich im Mai, ja, im Mai musste es gewesen sein, mit meiner eigenen Schwester geschlafen. Die Ungewissheit, wieviele Male es wohl gewesen sein musste, liess mich fast verzweifeln.

《 Het dee doch tatsächli ... Was meent e denn enad? Het e enad s'Gfühl e mös de Platzhirsch see? E söttigi Schand. Wa sägid au öseri Gescht, wenn öbehopt no nebed choot? 》

Er hatte es geschafft, während den Zeiten, in denen ich bereits hier oben im Einsatz war, mit meiner Schwester Maria Barbara ins Bett zu steigen. Der wird seine Hörner auch noch abstossen, so wie die Hirsche zur Zeit. Meinte der doch tatsächlich, sich als Platzhirsch aufführen zu müssen und dabei mehrere Kühe haben zu müssen. Ich fühlte mich damals wirklich wie die dümmste Kuh, und meine Schwester hätte ich als nichts anderes bezeichnet.

Nun war der Tag gekommen, an dem wir die Hebamme wieder ins Haus rufen mussten. Diesmal aber eben nicht für mich, sondern für meine kleine Schwester. Sie war doch eigentlich für den Haushalt in unserer Winterbleibe bestimmt, aber sicher nicht für ... Hätte ich doch damals meinen Eltern nicht versprochen, sie solange in unserem Haushalt, in unserem Elternhaus zu beschäftigen, bis sie eine andere Arbeit gefunden habe. Hätte ich doch nicht ...

Die Hebamme merkt gleich bei ihrer Ankunft, dass die Luft in unserem Hause an diesem Tag etwas dick ist, doch es gelingt ihr nicht, sie zu verdünnen. Meint sie doch, wir sollten uns auf einen neuen Erdenbürger freuen und ich sollte ja zur Genüge wissen, dass das Be-

kommen eines Kindes unendlich viel schöner sei, als ein Kind hergeben zu müssen.

《 Jo scho, abe siche nüd e dereweg. I cha's all no nüd globe.
Die Schand heme etz. I cha's nüd andescht säge. E Schand is. 》

Maria Barbara hätte gar keine Hebamme gebraucht, denn schon
nach kurzer Zeit und ohne grosse Anstrengung hatte sie einen kleinen
Buben geboren. Und er lebte, nicht wie mein Jacob vor 11 Jahren, der
das Licht der Welt einfach nicht erblicken wollte. Sollte das nun der
Ersatz für unseren kleinen Jacob sein, oder wer sollte nun diesem Buben einen Namen geben? Nein, Jacob durfte er ganz gewiss nicht
heissen, denn ein Bub von ihr kann kein Ersatz für meinen Buben sein,
auch wenn der Vater derselbe ist. Emil solle er heissen, erfuhr ich von
meiner Schwester, noch ehe die Nabelschnur durch getrennt war.
Und sie schien sich tatsächlich an dem Jungen zu freuen, jedenfalls
schien ihr Gesicht mir nichts anderes zu verraten. Und auch das Gesicht meines, jetzt muss ich wohl sagen unseres Frenz schien nichts
Anderes zu verraten. Wie konnte er nur? Soll er doch jetzt ihr Frenz
sein, wenn er schon …

Nein, sie hatte zwar ein Kind von ihm bekommen, aber sie sollte
deshalb nicht gleich auch noch ihn selber bekommen. Schliesslich
ist Frenz mein Mann und mit mir verheiratet, und das soll auch so
bleiben. Ich weiss, dass er eigentlich nie den Wunsch hatte, sich von
mir zu trennen, aber irgendwie möchte ich es ihm schon gönnen.
Aber ihr nicht. Nein, ich muss zu ihm stehen, ich will ihn nicht auch
noch verlieren. Obwohl, ein wenig verloren habe ich ihn damit
schon.

Ich kann die Zahl der Gespräche nicht nennen, die wir seit meiner
Entdeckung damals im August bis tief in die Nacht hinein miteinander
geführt haben. Es gab Gespräche, die mir gut taten, aber es gab auch
das pure Gegenteil. Und ich kann wirklich auch nicht sagen, wie oft
ich ihn in den letzten Monaten verwünscht und dann doch auch wie-

der geliebt habe. Sehr oft hatte ich dabei das Bild vom Hirsch im Kopf, wenn ich ihn anschaute. Dies seit dem Moment als ich wusste, dass er im Horner wieder Vater werden sollte. Sein stolzes Geweih machte mir dabei Eindruck und auch wieder nicht. Und das Bild vom Hirsch liess in mir seine tierischen Züge erkennen.

《 Das ischt doch efach zviel.
Die Schand chönid me nie veweche. Die bliebt ös fö alli Zit. 》

Am schmerzlichsten waren die Momente, in denen ich in mir selber eine gewisse Schuld an der Tat meines Mannes erkannte. Gewiss hatte ich ihm nach dem Feierabend im Äscher auch immer weniger Zeit geschenkt, aber das sollte ja auch kein Wunder sein bei der vielen Arbeit, die tagtäglich auf dem Äscher zu verrichten war. Und ich kann mit Bestimmtheit sagen, dass ich ihn – bis zu jenem Sonntag im August letzten Jahres – immer sehr gern gehabt hatte.

Ich weiss auch, dass er von mir jetzt nicht mehr verlangt, dass ich ihn gern habe. Aber er verlangt noch viel Schlimmeres: Er hat schon mehr als einmal den Wunsch geäussert, dass ich doch auch sein jüngstes Kind wie ein eigenes lieben solle, das Kind könne nichts dafür. Und es ist für ihn auch jetzt kein Thema, dass meine Schwester Maria Barbara – mit dem kleinen Emil – nicht mehr in ihrem Elternhaus bleiben dürfte.

Nun ist das Kind da. Und die beiden werden bleiben. Daran kann ich gar nichts ändern. Ein Blick in seine Augen lässt tatsächlich Muttergefühle in mir aufflammen und macht mir bewusst, dass das Kind wirklich nichts dafür kann.

《 Abe die Schand! I schem mi halt en Grond's Bode ini.
Gegrüsst seist du Maria, voll.... Hölf me, Muette Gottes, du bischt
doch au Muette gsee. Hölf me! 》

Nun ist das Kind einfach da und wird – wie jedes andere Kind auf dieser Welt – die guten Gefühle ihm gegenüber zu schätzen und zu verwerten wissen. Ach was, sicher nicht wissen, aber können. Es wird die Zuneigung genauso brauchen wie jeder einzelne von uns. Was würde wohl mein ... was würde wohl unser Vater dazu sagen? Ich weiss, dass er sehr schwer an dieser Schande für unsere Familie tragen würde. Zum Glück kümmert ihn das nicht mehr, aber das lässt mich selber diese Schande kein bisschen einfacher tragen. Sie ist einfach da, und sie geht sicher nicht mehr weg. Ich allein muss die Antwort auf diese neue Situation finden und die grosse Schande tragen. Aber im Moment kann ich noch nicht versprechen, dass ich auch die richtige Antwort auf diese Herausforderung finden werde. Und doch spüre ich, was die richtige Antwort darauf wäre. Vielleicht wird mir Frenz dabei helfen, die richtige Antwort auf die Herausforderung des heutigen Tages, nein, der kommenden Jahre nicht nur zu spüren, sondern sie auch zu leben. Es wird mit Bestimmtheit genügend Menschen geben, die mir in Zukunft nur noch diese Schande vor Augen halten werden. Das kann niemand mehr gutmachen. Da hilft mir auch das Aveläuten bei uns droben im Wildkirchli nichts mehr, auch wenn ich noch so oft früh aufstehen werde, um während dem Läuten in der Altarhöhle niederzuknien.

Kapitel 16

— 1915 —
Frenz will noch höher hinauf

Bei schönstem Wetter mitten in der Saison empfängt Frenz einige hohe Herren der Standeskommission von Appenzell im Äscher. Die Herren verweilen nicht lange im Gasthaus, denn sie haben andere Gründe um bei uns zu sein.

Frenz schreitet den Herren strammen Schrittes voran durch die Höhle hinauf zur Ebenalp, wo sie nur kurz um sich schauen und den herrlichen Blick ins Tal geniessen. Schon geht die Reise weiter hoch hinauf zu den Sennhütten droben beim Schäfler. Dass der Blick ins Tal von da oben noch schöner ist, das muss jeder gleich zugeben. Frenz war gar oft in den letzten Jahren da oben auf dem Gipfel anzutreffen und auch zu hören. Der Gipfel entlockte ihm die schönsten Jauchzer und liess sie weit herum hallen. Die Idee, auch da oben noch ein weiteres Gasthaus zu bauen, war schon lange in seinem Kopf zuhause und hatte ihn schliesslich vor fünf Monaten dazu gebracht, ein Konzessionsgesuch für den Bau eines neuen Gasthauses mit 15 – 20 Betten einzureichen. Dass sich die Standeskommission erst jetzt die Zeit nahm, dieses Gesuch an Ort und Stelle zu beurteilen, das hatte Frenz zwar etwas geärgert. Er lässt sich diesen Ärger bei dieser Begehung aber wohlweislich nicht anmerken und beginnt von seinem Vorhaben zu schwärmen. Die heilkräftige Ziegenmolke, die von hier oben zu drei verschiedenen Kurorten in der Umgebung getragen wird, die könnte doch ebenso gut auch hier oben verabreicht werden. Zudem war es Frenz nicht entgangen, dass die Gäste im Alpstein in den letzten Jahren immer zahlreicher geworden waren, und auch die Anfragen für eine Bleibe für eine Nacht waren an gar vielen Tagen viel zahlreicher als die Anzahl der Betten bei uns im Äscher und Wildkirchli. Es schien ihm daher nicht mehr als logisch zu sein, diesem Wunsch der Gäste mit einem zusätzlichen Angebot entgegen zu kommen.

Ein Bett hier oben für eine Nacht zu bekommen, das musste ein schönes Gefühl sein. Und weil die anwesenden Herren der hohen Standeskommission diese Meinung mit Frenz teilen, machen sie ihm Hoffnung auf eine Bewilligung. Auf dem Weg zurück zum Äscher ist die Bewilligung aus den Worten der Herren schon greifbar nahe, aber keiner spricht sie aus – das muss zuerst noch im Rathaus zu Appenzell mit der ganzen Kommission besprochen werden.

Und wieder wartet Frenz – für ihn etwas gar lange – auf den Entscheid dieser Beratungen im Rathaus zu Appenzell. Fast nichts hat ihn in den letzten Jahren so aus dem Häuschen gebracht wie die Tatsache, dass er nach drei Monaten mit einem Brief der Standeskommission in seinem Gasthaus steht. Da muss er erst einmal absitzen und tief Luft holen. Ruhig öffnet er den Brief und liest die Zeilen, die ihn unverzüglich aufspringen lassen. Riesig, gewaltig ist seine Freude über den Entscheid, dass er, der Frenz vom Äscher, jetzt auch noch auf dem Schäfler ein Gasthaus bauen darf. Die Worte von wegen «guter Führung von Äscher und Wildkirchli» freuen ihn zwar, aber er hätte sie fast überlesen.

> « I wäss nüd recht, öb i mi söll freue ode
> öb's nüd besse wä, wenn ... »

Noch ein Gasthaus, noch 15 – 20 Betten, noch mehr Leute – wer sollte die alle bedienen und wie konnte man all diesen Gästen gerecht werden? Mir gehen mehr Fragen durch den Kopf als Antworten und ich beschliesse innerlich, mich erst einmal dieser Freude meines Mannes anzuschliessen.

Es vergeht Zeit, viel Zeit, bis die Pläne für den Bau des neuen Gasthauses auf dem Schäfler soweit sind, dass die ersten Balken im Weissbad auf das erforderliche Mass zugeschnitten werden. Und es vergeht noch einmal viel Zeit, bis der Frenz und seine Gehilfen alle Balken – Stück für Stück – auf den eigenen Schultern zum Schäfler hinauftragen. Das kostet wirklich viel Zeit und Kraft.

Im Juli 1914 sitzt Frenz jedoch stolz und zufrieden auf den obersten Balken seines neuen Rohbaus auf dem Schäfler. Man sieht ihm die Strapazen der letzten Tage nicht an; es scheint fast, als ob Frenz bei dieser harten Arbeit noch kräftiger geworden wäre. Auf jeden Fall ist seine Freude über das bereits Erreichte ungebrochen und er schwärmt schon von den Abenden in seinem neuen Gasthaus. Doch bis zu diesem Zeitpunkt zieht noch einmal mehr als ein ganzes Jahr ins Land.

Im September 1915 ist seine Freude perfekt, als er die ersten Gäste im Gasthaus Schäfler empfangen und bewirten kann. Wir haben

Äscher und Wildkirchli ausnahmsweise für einen Tag den Söhnen Franz und Josef Anton überlassen und sind zusammen mit Tochter Nann zum Schäfler gewandert. Zu dritt haben wir alle Hände voll zu tun und werden dem ersten Ansturm fast nicht Meister. Der Beat vermag mit seinem zum Festtag mitgebrachten, eigenen Alpenbitter die Gäste nicht nur zu erfreuen, sondern auch so richtig zum Reden zu bringen. Wie das in der neuen Wirtsstube schon laut tönt, als ob ein Regiment zu Gast wäre. Schade, dass Zimmermeister Ulmann nicht dabei sein kann. Er hätte sich bestimmt über dieses Fest gefreut, ist aber bereits im Einsatz für das Vaterland im Grenzschutz. Tochter Nann ist jedoch so richtig im Element und sprüht förmlich vor Freude über die viele Arbeit im neuen Haus. Ich selber habe zwar vor lauter Arbeit kaum Zeit an etwas anderes zu denken, die Fragen von damals tauchen aber immer wieder auf. Sie machen mich fast ein bisschen unruhig – nein, sie machen mich richtig unruhig. Soll uns die Zukunft als Familie noch mehr auseinanderbringen? Wird Frenz mit unserer Nann hier oben wirken und ich mit den drei Buben und der kleinen Maria im Äscher unten bleiben? Wie soll denn das gehen? Das geht doch hinten und vorne oder in diesem Falle vielleicht besser oben und unten nicht auf. Und was, wenn er gar auf die Idee kommen sollte, mit meiner Schwester und ihrem gemeinsamen, kleinen Emil hier oben zu wirken? Ach Gott, wie bringe ich nur den Frenz wieder hinunter in den Äscher; dem gefällt es doch viel zu gut hier oben im Schäfler. Er wollte doch sicher nicht höher hinauf, um kurz danach wieder hinunter zu müssen.

Kapitel 17

– 1918 –

Kein liebes Zwinkern mehr

Vor einem Jahr feierten wir alleine – ohne Franz – seinen 25. Geburtstag. Doch gestern war uns nicht ums Feiern zumute. Obwohl Franz in diesem Jahr nicht mehr als Soldat an der Grenze stehen musste und zuhause war, wurde überhaupt nicht gefeiert. Es gab auch nichts zu feiern, denn er war ja eigentlich nur zuhause, weil unser Knecht JB Kölbener vor einem guten Monat im Seilloch zu Tode gefallen war. Franz hatte dadurch Urlaub bekommen. Aber eigentlich nur für einen Monat, und der war in der Zwischenzeit auch verstrichen. Der Urlaub konnte nur verlängert werden, weil mein Frenz seit Tagen mit der spanischen Grippe im Bett lag und nichts mehr tun konnte.

Es ist nicht zu glauben, wie eine einfache Grippe einen so starken Mann für Tage lahmlegen kann, ohne dass die Ärzte etwas dagegen unternehmen können. Alles haben wir schon ausprobiert, um dem Frenz wieder auf die Beine zu helfen, aber nichts nützt. Kein Naturheilmittel hat ihn bis heute aus dem Bett geholt, und auch die anderen Hilfsmittel scheinen der Grippe nicht Herr zu werden. Da schaffen es die verschiedenen Nationen, im Dienste der gegenseitigen Vernichtung immer wieder neue Sachen zu erfinden. So soll im Grossen Krieg mittlerweile mit Flammenwerfern, Panzern und gar mit Giftgas eine unglaubliche Vernichtung des Feindes möglich sein, aber gegen eine Grippe ist noch immer kein Kraut gewachsen. Nichts kann der Mensch dagegen erfinden, das wirkt.

Hilflos steht der Arzt heute wieder einmal an seinem Bett und muss einfach zuschauen, wie mein Frenz mit jedem Tag schwächer wird. Er hat zwar sündhaft teure Mittel dabei, aber sie wirken nicht. Ein Vermögen würde ich dafür geben, könnte irgendetwas meinem Frenz wieder auf die Beine helfen und ihn gesund machen. Doch Dr. Vonwiller macht mir keine grosse Hoffnung, im Gegenteil, er macht mir grosse Angst mit seinen Aussagen. Die grossen und starken Männer treffe die Grippe leider am stärksten und es sei ihr in der Zwischenzeit gelungen, mehr Menschen das Leben zu nehmen als jede Pest im Mittelalter. Da nützten die Fortschritte in der Hygiene wenig, denn diese Grippe aus Spanien finde andere Wege um seine Opfer zum Aufgeben zu bringen.

« Gäb ii Ene geen zo dem Zennegoldstöckli no emol zwä, dreu, vieri dezue fö Eueri Medizin – wenn sie gad au nebes nötze wö. Wa hani denn vom Böld vom Frenz a de Wand, au wenn i defö zeh Zennegoldstöckli usgeb? Nütz, liberement nütz – i will doch nüd jetz scho sis Böld a d'Wand henke. »

«Frenz, du darfst nicht aufgeben, wir brauchen dich noch». Mein leiser Ruf an seinem Bett scheint seine Ohren schon gar nicht mehr zu treffen und seine Augen schauen mich fast gläsern an. Gläsern, ja gläsern. Ich schaue meinem Frenz in die Augen und bekomme den Eindruck, als seien sie in diesem Moment gebrochen. Eine unbeschreibliche Unruhe trifft mich tief in meinem Herzen und ich beuge mich zu ihm hinunter, horche an seiner Brust. Sein Herz hat tatsächlich aufgehört zu schlagen und ich schaue entsetzt dem Arzt in die Augen, der mir mit einem leisen Nicken bestätigt, was ich in meinem Herzen als einen ganz lauten Schmerz spüre. Ich schreie los und schüttle meinen Frenz mit einer Wucht, wie ich sie von mir bisher nicht kannte. Augenblicklich wird mir bewusst, dass ich seine Wärme in diesen Minuten zum letzten Mal in meinen Händen, an meinem Körper spüre. Entschwinden wird sie für immer, entschwinden auf ewig. Ich weine laut los und spüre in mir den unerfüllbaren Wunsch, diese, seine Wärme nicht schwinden lassen zu müssen. Die letzten Worte, die Frenz noch zu mir sagte, waren: Wenn ich jetzt gehe, dann musst du für uns beide durchhalten.

« I häb scho döri, ii mos jo fascht, wenn du efach eso goscht. »

Minuten später stelle ich – endlich wieder still geworden – fest, dass auch meine Wärme ihn nicht mehr ins Leben zurückzuholen vermag. Warum ich, warum ich Witfrau mit 49? Warum er tot mit 50? Diese und andere Fragen zermartern mich und lassen mich erneut losheulen. Ich hätte ihn doch noch so gebraucht. Ich erinnere mich an unseren Hochzeitstag. Hat mein Frenz tatsächlich schon damals ge- wusst, dass er bereits fast in der Hälfte seines Lebens angelangt war? Warum konnte mein damaliger Wunsch nach einem Drittel oder gar einem Viertel nicht wahr werden? Was soll ich allein denn mit dem Äscher und dem neuen Schäfler machen? Ist ja einerlei. Viel entschei- dender ist doch, was ich selber ohne meinen Frenz, was ich ohne meinen Mann machen soll. Ich weiss zwar, was ich will, aber ich woll- te doch bisher oft das, was eigentlich er wollte. Nun will er nichts mehr, gar nichts. Das kann doch nicht sein – mit erst 50.

Bleiern legt sich die Nacht auf mich, obwohl noch heller Tag ist. Ich will nicht ohne Frenz weiterleben, ich kann nicht ohne ihn. Das müss- te doch auch ein Herrgott einsehen. Ich weiss, dass es einen gibt, aber warum nur tut er mir immer wieder solches Leid an? Was nützt mich der Satz, dass er einem auch die Stärke gebe, solche Prüfungen zu überstehen? Ich will, ich kann doch nicht ewig solche Prüfungen überstehen. Womit habe ich das denn verdient? Er nahm mir meinen Vater Franz, meinen Bruder Franz – und jetzt auch noch meinen Mann Frenz. Ich frage mich, ob er mir wenigstens meinen Sohn Franz noch lässt. Zwei meiner Söhne hat er mir ja auch schon genommen.

Der neue Friedhof in Schwende hätte doch ruhig noch ein biss- chen länger auf meinen Frenz warten können. Viel besser wäre es doch gewesen, wenn mein Frenz auf dem neuen Gottesacker von mir und nicht ich von ihm hätte Abschied nehmen müssen. Er hätte das bestimmt besser verkraftet als ich. Doch nun geht er einfach. Es schlottert mich bei dem aufkommenden Gedanken, noch vor Allerheiligen von ihm auf dem Friedhof Abschied nehmen zu müssen und für ihn schon an Allerheiligen wieder an seinem Grab zu beten. Viele Gänge zu meinem geliebten Frenz auf den Friedhof in Schwende. Soll das meine Zukunft sein? Ich kann das nicht. Ich will das nicht. Aber ich werde müssen. Erschöpft lasse ich Dr. Vonwiller erledigen, was er noch in unserem Schlafzimmer erledigen muss. Er werde den Leichenbestatter zu uns schicken, sagt er beim Gehen.

《 Nei, nei, machid bitti daas nüd. 》

Ich staune selber ob der Schwäche in meiner eigenen Stimme. Wenn doch nur Frenz etwas sagen würde. Aber der Arzt wird meinem

Wunsch mit Sicherheit nicht nachkommen. Gewisse Wünsche gehen eben nie in Erfüllung, auch wenn sie noch so gross sind.

Allein mit meinem Frenz im Schlafzimmer wird mir bewusst, dass heute noch einmal ein ganz neues Kapitel in meinem Leben aufgeschlagen wird. Ich habe weder die Kraft noch die Worte dazu, und doch gehe ich für einen kurzen Moment in die Stube und bewege mich weiter. An mir ist es nun, das Unfassbare den Kindern mitzuteilen, an mir ist es, sie in ihrem Schmerz zu trösten. Mutter zu sein ist wirklich nicht einfach, vor allem ohne Vater. Aber irgendwie muss es weitergehen. Ich gehe zurück in unser Schlafzimmer, vielleicht hat mir Frenz wenigstens diesbezüglich noch einen Rat. Doch es kommt kein Ratschlag mehr über seine Lippen, seine Stimme fehlt mir schon heute. Aber noch vielmehr wird mir sein liebes Zwinkern aus seinen Augen für den Rest meiner Zeit fehlen. Fehlen? Ich werde sein Zwinkern eben mit geschlossenen Augen suchen müssen. Gebe Gott, dass mir dies gelingen möge. Und zwar nicht nur auf dem Gottesacker in Schwende. (Beilage 1, S. 136)

Kapitel 18

– 1921 –

Tochter Nann heiratet

Es war Liebe auf den ersten Blick, letztes Jahr am grossen Trachtenfest in der Bleiche in Appenzell. Der junge Mann hatte die junge Nann unter den rund 900 Mitwirkenden in ihrer schönen Festtagstracht und unter den rund 20000 Zuschauern als die Frau erkannt, die für ihn bestimmt war. Die riesige Menge an Leuten war grössten Teils mit der Bahn angereist, aber es hatte auch eine stattliche Zahl darunter, welche mit den neumödigen Luxus- und Gesellschaftsmobilen nach Appenzell angereist war. Das war ein Treiben und Festen, wie es Appenzell in dieser Art noch nie gesehen hatte. Dabei waren die neuen, amerikanischen Gepflogenheiten auch in Appenzell sichtbar geworden und zeigten an, dass die goldenen Zwanzigerjahre durchaus als golden bezeichnet werden konnten.

Der junge Mann hatte Nann damals zum Tanzen aufgefordert und dabei ihr Herz so erobert. Seither wurde keine der wenigen Gelegenheit ausgelassen, gemeinsam das Tanzbein zu schwingen. Und so war auch der Zeitpunkt gekommen, wo Nann es gerne zugelassen hatte, dass er sie am frühen Morgen bis zur Haustür auf Hölzlers begleitete.

In der Zwischenzeit hatte der Mann auch mein Herz und das Herz der Geschwister von Nann erobert und war mit seiner Hilfe im Äscher und auf dem Schäfler nicht nur ein gern gesehener Gast, sondern eben auch ganz willkommene Hilfe. Bald schon war in den beiden der Wunsch gewachsen, sich gegenseitig für die Zukunft durch ein Eheversprechen aneinander zu binden. Als künftige Schwiegermutter hatte ich dagegen gar nichts vorzubringen, im Gegenteil, ich war ebenfalls davon überzeugt, dass die beiden jungen Leute füreinander bestimmt waren. Nann war mit ihren 25 Jahren ja auch in einem Alter, in welchem sie über einen solchen Schritt durchaus selber bestimmen konnte.

So helfe ich denn der Nann mit Freude beim Anziehen ihrer Festtagstracht und freue mich auf den bevorstehenden Trauungsgottesdienst in Schwende. Schön sieht sie aus in ihrer Tracht, eine herrliche Braut ist sie mit ihrem weissen Kranz in der schwarzen Schlappe.

Schon fährt die Kutsche mit dem Bräutigam auf Hölzlers vor. Auch der Bräutigam sieht gut aus und wird mit Bestimmtheit ein guter und strammer Mann werden. Wie schön wäre es doch, wenn Frenz an diesem Freudentag auch dabei sein könnte. Er hätte sich bestimmt ebenso gefreut wie die Geschwister von Nann und wie ich selber. Zum letzten Mal überschreitet Nann die Schwelle unseres Hauses als ledige Frau und winkt bei der Wegfahrt mit einem strahlenden Lächeln aus der Kutsche. Schön sieht sie aus, wirklich schön, und glücklich scheint sie auch zu sein. Mich trifft bei diesem Winken jedoch ein Hauch von Wehmut. Vorbei sind nun die Zeiten, in denen Nann ganz und gar uns und unserer Familie diente. In Zukunft wird sie einem Mann zur Seite stehen und – so Gott will – ihre eigene Familie gründen. Auch die Aussicht auf erste gemeinsame Tage mit dem jungen Paar in unserem Haus lässt die Wehmut zwar nicht verschwinden, aber doch etwas kleiner werden.

Auch wir begeben uns – ebenso festlich gekleidet – gemeinsam auf den Weg zur Kirche von Schwende. Ein tatsächlich schöner und leichter Gang, ein Gang mit viel Freude und Vorfreude im Herzen. Der Pfarrer lässt die Freude noch mehr anwachsen mit seinen schönen Worten. Das Versprechen, einander in guten und schlechten Zeiten zur Seite zu stehen scheint den beiden jungen Leuten mit grosser Leichtigkeit über die Lippen zu kommen. Mit einer Leichtigkeit, die sich der Tragweite des Versprechens auch nicht wirklich bewusst zu sein scheint, so wie bei mir selber vor Jahren. Aber vielleicht muss das

auch so sein, will die Menschheit überhaupt eine Zukunft haben. Jedenfalls sehen die beiden in ihrer Eintracht sehr vielversprechend aus und vermögen das Herz einer Mutter mit Stolz und Freude zu erfüllen.

≪ Wösch Glöck, Anneli. ≫

Es ist doch erstaunlich, wie viele Menschen das junge Paar bei diesem Schritt mit ihrer Anwesenheit begleiten und mit ihren Glück- und guten Zukunftswünschen überhäufen. Das können die beiden bestimmt auch gut gebrauchen, denn die Festfreude wird auch in ihrer Zukunft nicht jeden Tag gegenwärtig sein. Doch heute ist sie da, ungebrochen da und erfüllt die vielen Menschen mit einer Stimmung, die ein Lachen auf ihre Gesichter und eine Freude in ihre Stimmen zaubert.

Das junge Paar verlässt die Kirche frisch getraut und lädt einen Teil der versammelten Leute zum anschliessenden, gemeinsamen Mittagessen ins nahegelegene Kurhaus Weissbad ein. Offenbar macht man das heute so und man hat auch das Geld dazu. Das Kurhaus ist noch mit vielen weiteren Gästen gefüllt, die ihre Zeit in der Kuranstalt mit ebenso grosser Freude geniessen. Zum allerersten Mal sehe ich zwei Frauen, die ihre Haare kurz geschnitten haben, fast so kurz wie die Männer. Zudem haben sie auch noch ihre Röcke gekürzt, auch diese reichen nicht mehr bis zum Boden. Und das alles bei uns im Weissbad. Viele Gespräche mit den anwesenden Gästen verraten mir von einer Welt ausserhalb des Alpsteins, ausserhalb meiner Welt auf dem Äscher, die noch viele weitere Neuerungen mit sich bringt. Offenbar haben die Nachkriegsjahre in der grossen Welt draussen bereits eine Menge von Veränderungen mit sich gebracht. Die Aufgabe der Frau in der Gesellschaft wird in letzter Zeit an vielen Orten neu definiert durch die vielen technischen Neuerungen. So soll es zum Beispiel Maschinen geben, die der modernen Frau das mühsame Waschen der Wäsche abnehmen. Und auch für das anschliessende Bügeln seien neue Eisen erfunden worden, welche die Arbeit des Bügelns erheblich erleichterten. Doch auf eine andere Neuerung, von welcher mir in grossen Tönen erzählt wird, habe ich tatsächlich noch viel mehr Lust. So ein Rundfunkgerät, mit welchem man viel schneller und ausführlicher als mit den Zeitungen über das Geschehen in der Welt ins Bild gesetzt wird und in welchem auch oft Musik abgespielt wird, so ein Gerät möchte ich wirklich gerne haben. Das wäre doch auch im Äscher droben eine Bereicherung und könnte zu einer ganz anderen Unterhaltung beitragen. Allerdings müsste man dafür noch den Strom vom neuen Elektrizitätswerk in Wasserauen in den Äscher hinauf bringen, und ob das ein Segen wäre, das bezweifle ich im Moment noch. Es ginge wahrscheinlich nicht lange und man würde versuchen, mir weis zu machen, dass ich doch auch das warme Licht unserer Laternen und Fackeln durch das kalte elektrische Licht ersetzen sollte. Vielleicht wäre es dann mit der Heimeligkeit im Äscher droben auch aus. Spannend, was mir da alles von der grossen, weiten Welt berichtet wird. Dabei habe ich fast keine Zeit, dazwischen ab und zu das Tanzbein zu schwingen.

Im Nu verfliegen die Stunden dieses ausserordentlichen Tages und ich befinde mich schon wieder auf dem Weg nach Hause. Das junge Paar hat sich noch für eine kleine Ausfahrt mit der Kutsche ins Vorderland verabschiedet und wird vermutlich erst spät in der Nacht bei uns Zuhause wieder eintreffen. Ich gönne ihnen die Ausfahrt von Herzen und freue mich auf den kommenden Morgen, an dem ich die beiden als junges Paar an unserem Frühstückstisch begrüssen darf. Es bleibt gerade noch genügend Zeit, um aus diesem Anlass wieder einmal selber frisches Brot zu backen. Nann hat ja immer gesagt, dass sie mein Brot viel lieber habe als jenes vom Bäcker. Ich frage mich, wie lange das junge Paar wohl noch von unserem Brot essen wird und hoffe insgeheim, dass das noch recht lange dauern werde. Aber vielleicht ist nun doch der Zeitpunkt gekommen, ihr das Brotbacken auch noch beizubringen, damit sie auch ihre Kinder eines Tages mit dem eigenen, mit dem besten Brot verwöhnen kann.

Da ertappe ich mich dabei, wie ich mir an meinen Haarriebel greife, gemacht mit schönen, langen Haaren.

« Die Hoo bliebid lang. Vo hüt a ischt sös scho gnueg andescht.
Ond d'Schlappe wö jo escht au nome häbe. »

Eine Frau mit kurzen Haaren, das kann ich mir weder für die junge Braut und schon gar nicht für mich selber vorstellen. Aber auch die Nann ausser Haus, das wird mir nicht leicht fallen.

Kapitel 19

— 1921 —

Wenn er doch nur nicht Säntisträger ...

Kein Neujahrssturm wie beim ältesten Bruder meines Frenz, der mit 17 Jahren beim Flicken der Telegraphenleitung auf den Säntis als erster Säntisträger den Tod fand. Sein Hündchen hatte damals zwei Tage bei ihm ausgeharrt, deshalb wurde er so schnell gefunden.

Keine Lawine wie bei meinem ältesten Bruder Franz A., der mit 34 Jahren ebenfalls beim Flicken der Telegraphenleitung auf den Säntis zusammen mit seinem Freund Manser als Säntisträger während vier langen Wochen unter dem Schnee liegen geblieben war.

Nein, auch ein wunderschöner Maientag kann einem Säntisträger bei seiner geliebten Arbeit das Leben nehmen. Unseren Ältesten, den Franz, den mussten wir nicht gross davon abhalten, Säntisträger zu werden. Aber Josef Anton, der doch durchaus das Zeug zum Pfarrer gehabt hätte, wollte unbedingt Säntisträger werden. Nichts konnte ihn davon abhalten. Vielleicht hätte er seine beiden Vetter persönlich kennen müssen. Dann hätte ihn der Tod der beiden als Säntisträger vielleicht davon abgeschreckt, seinen Lebensunterhalt ebenfalls mit dem Tragen von Holz und Proviant auf den höchsten Gipfel unseres Alpsteins zu verdienen und dabei noch jahraus jahrein für die leidige Telegraphenleitung verantwortlich zu sein. Aber nein, nichts konnte ihn davon abhalten und er scherzte sogar mit dem Faltblatt des Kollegiums St. Antonius. Auf diesem pries sich das Kollegium mit reiner Gebirgsluft und schöner Lage an. Dies habe er als Säntisträger beides in Hülle und Fülle und er müsse dabei erst noch nicht Sachen studieren, die ihn eigentlich gar nicht interessierten. Mein Versuch, ihn schon damals als 14-Jährigen von einem solchen Weg zu überzeugen, war schon viel früher zum Scheitern verurteilt. Gewiss, er war schon immer ein kräftiger und ein sehr naturverbundener Bub, aber das hätte ihn ja nicht vom Kollegium abhalten müssen. Und mit seinem gescheiten Kopf hätte er durchaus auch selber merken können, dass die Gefahren hinter dem Pult viel kleiner sind als beim Dienst für den Wirt und den Wettermacher auf dem Säntis.

《 I ta gä nüd dra denke, was för en Sege de Bueb fö öseri Famili hett chöne weede, wenn e Pfarre wode wä. Ond als Pfarre wör e etz au no lebe ond hetts rechte. 》

Die Nachricht vom Tod meines eigenen Sohnes als Säntisträger löst in mir wieder dieses schmerzliche Gefühl aus, welches ich leider schon mehr als einmal spüren musste. Wenn doch nur Frenz noch hier wäre, denn alleine lässt sich dieses Gefühl kaum noch aushalten und droht gar, in mir haften zu bleiben und mich nicht mehr loszulassen. Wie ginge wohl mein Frenz mit dieser ungeheuerlichen Situation um? Könnte er es ertragen, so wie er viel anderes und selbst seine Grippe vorbildlich ertragen hatte? Ich kann es fast nicht mehr aushalten. Das geht mir zu weit, das trifft mich zu hart.

《 Frenz, hölf me doch. Ischt doch au min Bueb, i hanen etz scho z'choz, au wenn e no nüd lang bi deer ischt. 》

Noch vor gut drei Wochen war alles so schön. Gemeinsam feierten wir die Hochzeit von unserer Nann. Josef Anton hat bei dieser Hochzeit wie immer sehr viel zu einem schönen Fest beigetragen. Ohne ihn ... Ach, was hat er doch noch bei der Hochzeit in den höchsten Tönen von seiner Arbeit als Säntisträger geschwärmt. Diese sei für ihn

– wie er sagte – wie ein täglicher «Höhenflug» zum Säntis. Hätte er das gewusst, was ich ab heute unter diesem «Höhenflug» verstehen muss, ...

In unserem Haus ist doch mehr als genug Platz. Das Haus wird ja immer leerer. Denn sie bringen ihn morgen nur noch für ein paar wenige, letzte Tage in die Stube, für heute Abend reiche es nicht mehr aus. Aber ich will ihn heute haben – in seinem Bett, und nicht morgen in der Stube.

《 Ond nüd gad fö e paa Täg, mit Ablasszüg, mit Bete, mit ...
Nei, nüd au no de Josef. Vater im Himmel, hölf me! 》

Ich sollte ins Bett gehen, ich sollte eigentlich schlafen, denn es ist wirklich schon reichlich spät. Aber die Gedanken verwirren meinen Kopf und halten mich wach, auch wenn ich mich längst hingelegt habe. Selbst das heimelige Geräusch der Regentropfen auf unserem

Hausdach, das sonst wie das beste Schlafmittelchen auf mich wirkt, vermag nicht, mir den sehnlich gewünschten, ruhigen Schlaf zu bringen. Und doch erwache ich nach ein paar Stunden in meinem Bett aus einem unheimlichen Traum, der mir das Bild einer braunen Jacke im weissen Schnee wie einen unauslöschlichen Fleck in meinem Gedächtnis eingebrannt hat.

Noch ist es dunkel. Trotzdem stehe ich auf und begebe mich schlaftrunken in die Küche. Ich bereite uns das Morgenessen zu und wecke Baptist.

《 Badischt, moscht uufstoh, Zit zom mölche. 》

Er habe diese Nacht gar nicht gut geschlafen, sagt er mir noch unter der Türe. Ich wage gar nicht nachzufragen, ob denn ein Traum ihm den Schlaf so unerträglich gemacht habe. Da sagt er mir, dass er von einer braunen Jacke im weissen Schnee geträumt habe. Es ist, als ob uns dieses Bild verfolgen würde. Mich seit Langem, ihn seit heute.

Ich schneide das Brot fürs Frühstück, koche Milch und Kaffee und stelle alles auf den Tisch in der Küche.

《 Josef, me hettid doch meh as gnueg z'essid. Hock doch au wiede mit ös an Tisch. Eso han au i ke Hunge meh. 》

Ich lasse alles so auf dem Tisch stehen und gehe in die Stube. Soll ich tatsächlich schon wieder das Versehzeug hervorholen, für meinen dritten Sohn? Ich hole es tatsächlich vom Estrich herunter und stelle es bereit.

Wie Nägel in meinem Fleisch reisst mir diese Gewissheit vom Tod meines Sohnes Wunden auf, die ich diesmal wahrscheinlich nicht mehr zu schliessen vermag. Ich nicht und auch nicht die Zeit, die vergehen wird, bis ich selber von dieser Welt Abschied nehmen darf. Eher wäre es für mich Zeit gewesen, zwar auch noch nicht, aber doch nicht für ihn, der noch so viel Leben vor sich gehabt hätte. Hätten sie doch vor Jahren keine Wetterstation auf dem Säntis errichtet. Die Menschen müssten doch nicht täglich über das Wetter auf dem Säntis informiert sein. Es ginge doch auch ohne. Man sieht ja, was für Wetter gerade ist. Man muss doch nicht wissen, wieviel Schnee es über Nacht auf dem Säntis gegeben hat. Und schon gar nicht, wenn mein Josef Anton dafür sein Leben geben muss. So eine verkehrte Welt. So eine Welt mit Ansprüchen, die nicht sein sollten.

Ich will diesen Anspruch an mich, diesen Verlust auch noch tragen zu müssen, nicht erfüllen. Ich will nicht mehr leben, wenn schon mein dritter Sohn mir im Tod vorausgeht. Ich will nicht dabei sein, wenn man in drei Tagen wieder einen meiner Söhne auf den Gottesacker in Schwende trägt.

Aber ich bin dabei, als man mir am frühen Vormittag meinen Sohn zum letzten Mal in die Stube trägt. Alle sind dabei, seine drei Brüder, seine beiden Schwestern und der Schwager. Erst am späten Abend bin ich zum ersten Mal allein mit Josef Anton in der Stube.

Und ich kann wiederum fast nicht beten, wenn ich so neben meinem Sohn in meiner Stube stehe. Nein, ich will eigentlich auch gar nicht beten. Zurückhaben möchte ich ihn, nicht Abschied nehmen. Reden möchte ich mit ihm, nicht beten für ihn. Und doch ertappe ich mich wieder dabei, wie ich leise ein Gebet vor mich hin spreche.

》 Ehre sei dem Vater, und dem Sohne, und dem Heiligen Geist.
Wie es war im Anfang, so auch jetzt und alle Zeit, und in Ewigkeit,
Amen. 》

Meine Lippen beten zwar, aber der Kopf füllt sich mit anderen Bildern. Mit Bildern vom Leben davor, Bildern von einer Zeit mit dem kleinen Josef Anton, Bildern von einer Zeit mit seinem lachenden Gesicht. Doch jetzt lacht er mich nicht mehr an. Still und bleich liegt er vor mir in einer Kiste, von denen ich schon zu viele gesehen habe. Am liebsten würde ich ihn rausnehmen und die Kiste wieder zurückgeben oder selber hineinliegen. Doch das Schicksal hat es anders mit mir gemeint.

Nach Stunden in der Stube spüre ich plötzlich, wie meine Wangen nass werden. Und wieder einmal fühle ich Tränen auf meinem Gesicht, ich weine wieder. Mehr noch, ich kann mich davon kaum mehr erholen und weine schliesslich Tränen auf sein Gesicht. Schliesslich sieht es so aus, als ob Josef Anton selber geweint hätte. Irgendwie tut das gut. Auch er weint zum Abschied. Aber so kann ich die drei Tage trotzdem nicht durchstehen. Ich setze mich ins Kanape neben dem kalten Ofen und schaue wieder zum Herrgott im Herrgottswinkel auf.

《 Vater unser im Himmel, geheiliget werde dein Name,
dein Reich komme, dein Wille geschehe ... 》

Und auch auf dem Kanape wiederholt sich meine Geschichte. Ich schlafe kurz ein und erwache dann wieder, ich ... So gehen auch seine drei letzten Tage bei uns vorbei, ohne dass ich mich daran erinnern kann, sie überhaupt gelebt zu haben.

Der Gang danach mit Josef Anton zum Friedhof geht wie bei Frenz nicht mehr nach Appenzell, sondern auf den neuen Gottesacker in Schwende. Auch dieser Gang findet bei heftigem Schneesturm und Unwetter statt, trotz Mai. Aber auch das Maienwetter ...

Kapitel 20

– 1922 –

Im Schäfler droben

Hier im Schäfler oben ist es eigentlich noch viel schöner als bei mir im Äscher unten. Mein Blick schweift von dieser Terrasse aus viel weiter ab und ich kann sogar den Bodensee sehen. Zum ersten Mal verstehe ich meinen Mann selig, dass er unbedingt hier oben auch noch ein Gasthaus erstellen wollte.

Ich kann eigentlich nicht verstehen, dass sich die Nann da droben nicht auch wohl fühlen kann. Bei der Einweihung damals hatte sie doch auch so viel Freude am Gasthaus gehabt und wäre schon damals am liebsten hier herauf gezogen. Was liess sie wohl im letzten Sommer erkranken, sodass sie dann eigentlich den ganzen Sommer bei mir im Äscher war und ihren Mann allein mit den Angestellten hier oben liess? Nun hoffe ich, dass sie dieses Jahr nicht wieder erkrankt und wirklich hier oben bleiben kann. Vielleicht hat es genützt, dass wir ihr und ihrem Mann diesen Frühling den Schäfler zu ihrem Eigentum überlassen und dabei einen Preis gemacht haben, der denjenigen ihrer Brüder um ein paar Tausend Franken untertraf. Jedenfalls waren die Brüder auch deshalb bereit, ihrer Schwester und ihrem Mann den Schäfler zu einem günstigeren Preis zu überlassen, weil sie hofften, sie könnten sich dabei dann auch wohl fühlen. Auf alle Fälle sollten sie bei diesem Preis keine finanziellen Sorgen mehr haben, denn die Gäste kommen ja in Scharen hier herauf und tragen zu einem ganz grossen Einkommen bei.

Vielleicht tut ihr aber auch die Schwangerschaft gut. Ich jedenfalls freue mich schon heute riesig darauf, endlich Grossmutter werden zu dürfen. Und ich sehe mit Freuden, dass ihr die Schwangerschaft gut ansteht, sie sieht schon heute so richtig wie eine gute Mutter aus. Von mir selber weiss ich ja, dass eine Schwangerschaft und eine Mutterschaft das Leben eines Menschen recht grundlegend verändern kann. Das wird sicher auch bei ihr der Fall sein, so wie sie aussieht.

Doch als sie sich zu mir an den Tisch setzt, zerstört sie meine Hoffnungen gleich wieder mit ein paar wenigen Sätzen. Die Liebe auf den ersten Blick von damals scheint offenbar weit weg gezügelt zu haben. Nann beschwert sich über den rauhen Umgangston, dem sie mit ihrem Angetrauten fast täglich ausgesetzt sei. Es sei fast so, als ob er ganz und gar keine Freude daran hätte, dass sie jetzt in guter Hoffnung sei. Zudem mache er ihr ständig Vorwürfe, dass sie den Preis, welchen sie für den Schäfler hätten bezahlen müssen, ruhig noch hätte ein bisschen hinuntertreiben können. Das sei doch keine Art, von einer eigenen Tochter und einem Schwiegersohn so viel Geld für ein Gasthaus zu verlangen, welches man selber gerade mal zum halben Preis erstellt habe. Der junge Mann scheint dabei total ausser Acht zu lassen, dass mein eigener Mann mit grossem Einsatz und mit viel eigener Arbeit eine Unmenge an das Gasthaus beigetragen hat. Das Haus hätte uns doch mindestens den Preis gekostet, wenn Frenz selig nicht selber so viel daran gearbeitet hätte. Aber das scheint er einfach nicht zu sehen, mehr noch, er scheint es in keiner Art und Weise zu schätzen.

Doch am härtesten treffen mich die Vorwürfe, dass ich nach ihm offenbar meine eigene Tochter gar nicht richtig erzogen habe. Wie sonst würde sie es wagen, ihm als Mann immer wieder zu widersprechen und immer so zu tun, als wisse sie alles besser. Als ob sie nicht selber in einem Berggasthaus gross geworden wäre und damit – im Gegensatz zu ihm – bestens wissen sollte, wie man die anstehenden Sachen an einem solchen Ort anzupacken hat. Ich weiss ja, dass auch bei ihr das Gehorchen in den letzten Jahren ständig abgenommen hat, aber ich glaubte immer, das sei auch richtig so und führe sie in die gewünschte Selbständigkeit. Und jetzt muss ich mir das als Vorwurf gefallen lassen. Das kann doch nicht sein.

《 Ond da ischt denn de Dank defö, dass me all gsprungen ischt ond glueged het. 》

Er muss doch genau wissen, dass ich immer grossen Wert auf die Erziehung meiner Kinder gelegt habe und dass ich sie auch erzogen habe. Von wegen ich hätte nie Zeit gehabt für meine Kinder und meine Zeit stets lieber den Gästen gewidmet. Das sind doch fast schon Verleumdungen und das ist überhaupt nicht wahr. Natürlich verbrachte ich viel Zeit mit meinen Gästen, aber das gehört ja auch zu meinem Beruf. Ich konnte doch nicht stets beim kleinsten Rufen meiner Kinder zu ihnen rennen und die Gäste einfach allein lassen. Kommt dazu, dass diesen Teil eigentlich immer mein Frenz übernommen hat und

dass er selber weit mehr Zeit mit seinen Kindern als mit unseren Gästen verbracht hat. Er würde sich über solche Vorwürfe freuen, er, dem
das Wohl seiner Kinder immer an vorderster Stelle war. Sollte ich mich
zu wenig um meine Kinder gekümmert haben, so hat es wenigstens
er getan und eine solche Kritik überhaupt nicht verdient.

« Nei, do tuet din Ma em Frenz Orecht, Anneli,
du wäsches genau. »

So schnell kann es gehen, und der schönste Ausblick wird getrübt,
der grosse Fernblick eingeengt. Ich fühle mich überhaupt nicht mehr
wohl auf demselben Stuhl, auf welchem ich noch vor Minuten den
herrlichen Augenblick und den wunderschönen Ort genossen habe.
Ich überlege mir, ob ich den Schwiegersohn zur Rede stellen soll. Aber
eigentlich haben die beiden überhaupt keine Zeit, sich im Moment
um meine neuen Sorgen zu kümmern und ich hätte vermutlich auch
im Äscher drunten alle Hände voll zu tun. Wenn es hier droben so
viele Gäste hat, dann ist es bei mir drunten sicher nicht anders. Aber
eben, dann kümmere ich mich wieder um meine Gäste, und nicht um
meine eigenen Kinder, die eigentlich keine Kinder mehr sind. Ich würde der Nann tatsächlich mehr Zeit mit ihrem Kind wünschen, auch
wenn es jetzt noch gar nicht da ist. Vielleicht müssten sie halt auch
mehr Angestellte haben. Vielleicht hätte ich früher auch mehr Angestellte haben sollen.

Mit einem ganz ungut Gefühl im Bauch gehe ich nicht ins Haus,
rede ich nicht mit meinem Schwiegersohn. Ich verabschiede mich
zwar von meiner Tochter, aber nicht von ihm. Auf dem Weg zum
Äscher hinunter geht mir so einiges durch den Kopf und ich schaffe
es nicht, meine Gedanken zu beruhigen. Aufgewühlt treffe ich wieder
im Äscher unten ein und sehe, dass ich gebraucht werde. Ich kann
mich jetzt nicht in meine Kammer zurückziehen. Ich kann mich jetzt
nicht um meine Kinder kümmern, sondern ich muss mit ihnen zusammen anpacken. Ich habe nicht einmal Zeit, mich zu den Gästen

zu setzen, dabei hätten sich doch einen kurzen Schwatz mit der Wirtin verdient.

« Ond was ha enad ii vedient? Also gaaz siche ke söttigi Vowöff vome Schwiegesohn, nei, da nüd. I ha zwo scho mengmol ... nei, abe d'Muetter cha doch nüd a alem d'Schold see. »

Nach Feierabend erzählt mir unsere Maria voll Stolz, was sie an diesem Tag verdient haben. Ja, es ist – auch ohne mein grosses Zutun – wieder einmal eine stolze Summe zusammengekommen. Aber ich kann – für einmal – den Stolz meiner Tochter über diese Summe nicht teilen. Ich habe immer mehr und in diesem Moment noch viel deutlicher den Eindruck, mein eigenes Leben irgendwie falsch «verdient» zu haben, in den Dienst von Fremden gestellt zu haben, die ich zu wichtig nahm. Vielleicht habe ich deshalb die Vorwürfe meines Schwiegersohnes doch ein wenig auch mitverdient und der Preis diesbezüglich war noch höher als der Preis für die vielen Sachen, die ich dabei verkaufen konnte. Ich frage mich, ob ich diese Gedanken je wieder loswerden kann. Abkaufen wird sie mir mit Bestimmtheit keiner, denn sie sind auch keinem zu gönnen. Aber alles habe ich doch nicht falsch gemacht, eine so schlechte Mutter war ich nun auch wieder nicht. Wenn der alles wüsste. Er sieht doch jetzt selber, dass die guten und die schlechten Zeiten sich in einer Beziehung abwechseln. Hoffentlich müssen sich die beiden von ihren Kindern nie solche Vorwürfe gefallen lassen. Hoffentlich kommen schon bald wieder die guten Zeiten, hoffentlich finden sie wieder zusammen, denn die Liebe der Eltern ist doch vermutlich ebenso viel wert wie ihre Zeit. Und unsere Liebe hatten sie, unsere Kinder – von mir schon recht viel, und von Frenz noch bestimmt doppelt so viel dazu.

« Jo, vo em halt scho en Blätsch meh, abe vo me wäss Gott au nüd z'lötzel. Au i ha mini Goofe all geen k'ka, meh as gad geen hanis no hüt! »

Kapitel 21

– 1923 –

Tochter Maria Magdalena

« Herrgott, da cha, da ta doch nüd woh see. Nei, da
mags etz nüd au no liede. D'Schand ischt sös scho gnueg gross.
Meedl, nei … »

Meine jüngste Tochter schwanger mit 17 Jahren. Maria
schwanger von einem unserer Knechte, der erst noch dop-
pelt so alt ist wie sie. Ich, Grossmutter von einem unehelichen Kind. Das gibt's doch nicht – oder doch? Wird sie das Kind wohl
austragen können, sie, die ja selber noch ein Kind ist? Was hat sie nur
in diesem Mann gesehen? Er meint wahrscheinlich, dass er so aus
seinem Knechteleben in eine bessere Situation kommen, dass er so an
unser hart erarbeitetes Geld gelangen könne. Dass er damit unseren
Ruf ruiniert, daran hat er wohl nicht gedacht. Die Schande, mit der er
unsere Familie dadurch befleckt hat, die kann ihm doch auch nicht
einerlei sein.

« Sie mönd hürote, ond zwo nese no.
I will doch etz nüd au no Grossmuette vome oehelege Goof wede.
Nei, seb nüd au no. »

Ich muss ihr das sagen, sie muss das einsehen. Mein Kind soll heiraten, damit ihr Kind einen rechten Vater, einen alten Vater bekommt.

Wie kann der nur während unserer Abwesenheit auf unserem eigenen Winterheimwesen so etwas wagen? Wie kann sie sich nur einem so alten Mann hingeben. Frenz war doch immer ein guter, ein vorbildlicher Vater zu ihr. Oder hätte sie wohl den Vater auch noch nach 12 gebraucht? Ja, sie war tatsächlich erst zwölf, als Frenz starb. Aber sie hat doch nie eine Geschichte daraus gemacht. Und doch sieht es für mich heute fast so aus, als ob sie sich durch diesen alten Mann den eigenen Vater ersetzen möchte. Doch das geht nicht, das wird nicht klappen.

Ein Knecht, ein Angestellter in unserem eigenen Haus und Stall verführt unsere jüngste Tochter. Das kann doch nicht gut gehen. Maria ist sich etwas anderes gewöhnt, sie hätte auch etwas anderes verdient. Ich kann mich wirklich nicht an diesen Gedanken gewöhnen. Ich werde mich nie daran gewöhnen, das werden die beiden nie schaffen. Sie haben sich offenbar für etwas anderes entschieden, sie haben sich gegen uns entschieden. Das ist allein ihre Schuld, nein, eher seine Schuld. Er sollte ja wissen, was er tut, aber sie ist doch noch ein Kind.

Ich werde mit ihr reden, aber nicht mehr, nie mehr in dem Ton, in dem sie es von mir gewöhnt ist. Sie soll spüren, dass ich mit ihrer Zukunft in dieser Form überhaupt nicht einverstanden bin. Sie soll wissen, was sich in dieser Situation gehört. Sie soll jetzt erst einmal ihre Hochzeit mit diesem alten Knecht an die Hand nehmen: Schwarz gekleidet soll sie heiraten, möglichst bald, in Einsiedeln – so wie es sich für solche Paare gehört. Und wenn sie dann erst einmal verheiratet sind, dann sollen sie beide bei uns ausziehen, dann sollen sie selber für sich sorgen. Wie kann man sich seine eigene Zukunft nur so verbauen? Wo bleibt denn da die Liebe, die für so etwas doch am notwendigsten ist? Sie kann doch nicht einen Mann lieben, der doppelt so alt ist wie sie selber. Wie soll denn das gehen? Was steckt nur dahinter? Ich habe, nein, sie hat versagt. Dieses Abenteuer wird sie für den Rest ihres Lebens bereuen. Schwanger mit 17 – und das in unserer Familie. Wie stellt sie sich das denn vor? Sie hat doch bis jetzt ein gutes Leben

gehabt. Sie war immer sehr fleissig und aufgestellt. Sie hätte so viel erreichen können, aber sicher nicht so.

Mutter zu sein verändert das Leben. Da ist man für den Rest seines eigenen Lebens an das Leben anderer gebunden. Diese Verpflichtung lässt einem nie mehr los. Aber ich habe damit wohl meine Pflicht getan. Wenn sie so etwas macht, dann soll sie selber für sich schauen. Ich habe weder Lust noch Veranlassung, ihr weiter unter die Arme zu greifen, sie weiterhin zu unterstützen. Maria soll für sich selber schauen, sie soll die Verantwortung übernehmen für das, was sie gemacht hat. Dass ihr unser Knecht dabei eine grosse Stütze sein wird, das kann ich mir leider nicht vorstellen. Wie sollte er auch, er, der zu solchen Taten in der Lage ist? Vater zu sein wäre eben auch Verpflichtung und nicht nur Vergnügen. Ich hätte es wissen sollen, dass ihm nicht zu trauen ist. Aber dass er sich zu so etwas hingibt, das hätte ich ihm doch nicht zugetraut. Ein Kind mit 17 so zu verführen, so an sich zu binden für den Rest des Lebens, das darf doch nicht wahr sein.

《 Jesses Gott, wohe gönd's au. Will doch niemed e söttigs Pääli em Hus ha. Also ii au nüd. Ii gaaz siche au nüd, nei. 》

Das arme Kind, was wird es nur für einen Einstieg in sein junges Leben haben? Aber was frage ich mich da, das geht mich ja eigentlich nichts mehr an. Ich muss mich von dem Gedanken lösen, für meine jüngste Tochter und ihre Familie weiter verantwortlich zu sein. Sie soll, sie sollen das selber an die Hand nehmen.

Wenn ich mit 17 Jahren in dieser Situation gesteckt hätte, dann hätte ich auch gewusst, was ich zu tun hätte. Aber mir hätte so etwas gar nicht erst passieren können. Da war ich wohl ein bisschen reifer als Maria. Nein, so etwas hätte mir wirklich nicht passieren können. Auch mein Frenz hätte so etwas für uns selber nie gewollt, obwohl wir noch viel früher wussten, dass wir füreinander bestimmt waren. Nur gut, dass mein Frenz diese Schande nicht mehr erleben muss. Bestimmt hätte er seine Zeit als Grossvater auch genossen, aber sicher nicht unter diesen Umständen. Jedenfalls hat er immer gewusst, was es heisst, Vater zu werden. Er hat auch gewusst, dass es dazu eine reife Frau braucht, die Mutter der eigenen Kinder wird. Er hat gewusst, wie schwierig es ist, wenn man plötzlich für mehrere Menschen verantwortlich ist. Er sah, wie schwierig es auch für uns war, mit Kindern klar zu kommen. Dass einem der Herrgott dabei nicht nur helle Momente mitgibt, das wusste er ganz bestimmt. Kinder zu bekommen, das ist das eine – Kinder wieder hergeben zu müssen, das ist das andere.

Drei von unseren fünf Söhnen liegen bereits auf dem Friedhof in Schwende. Er wusste, wie viel Kraft das braucht. Dass er damit zwar etwas anders umgegangen ist, das weiss auch ich. Ich konnte es nie richtig begreifen, dass er dieses Schicksal mit ein paar wenigen Tränen in seinen Augen hinnehmen konnte. Meine Tränen dabei machten mir die Augen nicht immer nass, rannen mir nicht immer über die Wangen, aber sie machten aus meinem Herzen einen Sumpf, der bis heute nicht mehr ausgetrocknet ist.

Und nun soll ich meine jüngste Tochter an einen so alten Mann hergeben – unter solchen Umständen – das ist ja noch viel trauriger. Was habe ich mich doch damals über die Geburt unserer zweiten Tochter gefreut, der Frenz selber meinen eigenen zweiten Namen mit auf ihren Weg geben wollte. Was hat sie mich von klein auf mit ihrem Lachen erfreut. Wie hat sie mich auch in schwierigen Situationen immer mit ihrem Wesen erheitert. Und jetzt soll ich sie hergeben, hergeben schon als Kind, hergeben an einen unserer Knechte? Das wird den Sumpf in meinem Herzen nicht zum Austrocknen bringen, im Gegenteil. Aber ich muss hart bleiben.

《 Wa si nüd khöt seb khöt si eefach nüd. I Gotts Name. 》

Was nicht hätte sein sollen, das ist nun – aber dann auch mit den nötigen Konsequenzen. Ich habe mir das Grossmutter werden schon etwas anders vorgestellt. Freude wächst für mich auf einem anderen Boden.

Hätte Frenz wohl auch unter solchen Umständen Freude an einem Grosskind haben können? Jedenfalls scheint ihn sein eigenes, uneheliches Kind wie unsere eigenen, ehelichen Kinder erfreut zu haben. Er machte da nie einen grossen Unterschied. In vielen Sachen waren wir ja wirklich gleicher Meinung, aber in diesem Punkt haben wir uns nie ganz getroffen. Da war er eher aus Weichholz und ich aus Hartholz. Vielleicht hätte er auch Maria mit dieser Botschaft nicht einmal aus dem Haus geschickt. Aber das hätte die Schande nur noch grösser gemacht. Ich jedenfalls weiss, was sich gehört. (Beilage 2, S. 137)

Kapitel 22

1925

Ein überraschender Besuch

in kräftiges Klopfen an der Küchentür holt mich aus meinem Mit-
tagsschlaf. Ich rufe «Herein» und das Klopfen wiederholt sich
ebenso kräftig an der Stubentür. Ich stehe auf, gehe zur Tür und
öffne. Mit strahlendem Gesicht steht unsere Maria mit ihrem Mann vor
der Tür. Auf dem Arm hat sie den kleinen Josef. Fast scheint mir, als ob

das Lachen ihrer eigenen, frühen Tage auf ihr Gesicht zurückgefunden hätte. Jedenfalls scheint der Gram der letzten Monate verflogen. Maria begrüsst mich gerade so, als ob ich sie nie aus dem Haus geschickt hätte. Das ist typisch, sie ist halt doch selber noch ein Kind. Aber ich merke, dass dieser Anblick tatsächlich auch meinem Herzen gut tut.

« Chönd doch i d'Stobe ini, sönd so gued. »

Maria setzt sich – ohne langes Überlegen – an ihren angestammten Platz am Tisch. Ihr Mann nimmt neben ihr Platz und übernimmt den Kleinen. Ich frage die beiden, was ich ihnen denn anbieten könne. Mit einem Krug süssem Most setze ich mich zu den beiden und bediene sie.

Maria platzt heraus mit den Erlebnissen einer jungen Mutter. Stillen sei gar nie ein Problem gewesen und auch schlafen könne sie schon seit Wochen wieder die ganze Nacht. Der kleine Josef sei ein richtiger Engel und es gebe wohl kaum etwas Schöneres, als Mutter zu sein. Ich gönne ihr diese Gefühle und bin froh, dass sie auch mit ihren 18 Jahren bereits eine gute Mutter zu sein scheint. Sie ist ein Kind geblieben in ihrer frischen Freude und ist doch Mutter. Auch ihr Mann scheint an dem Sohn eine riesige Freude zu haben. Doch er kommt gar nicht zu Wort, weil Maria nur so sprudelt vor Neuigkeiten und Erlebnissen. Es ist schön, dass sie mich – endlich wieder einmal – daran teilhaben lässt.

Beim Zvieri werden die beiden plötzlich leicht andächtig und geheimnisvoll. Maria verrät, dass sie mir noch etwas Wichtiges mitzuteilen hätten. Ich ertappe mich, wie ich kurz auf ihren Bauch schaue und versuche, die Neuigkeit vorwegzunehmen. Doch ihr Bauch verrät nicht, dass ich wiederum Grossmutter werden könnte. Ich schaue ihr in die Augen und entdecke in ihnen einen Glanz, wie er schöner nicht sein könnte.

Wenn ich sie in Zukunft ab und zu mit meinem Besuch beehren wolle, dann müsse ich schon bald keinen langen Weg mehr unter die

Füsse nehmen. Ein kurzer Spaziergang über die Steineggere werde in Zukunft genügen. Sie hätten gestern dem Arnold Knechtle das Ebnet abkaufen können. Am ersten Mai könnten sie bereits anstehen und ins neue Heim einziehen. Es sei wie ein Logenplatz im Theater. Man sitze direkt auf der Kante und könne so schön von oben auf Schwende hinab schauen. Alles sehe man. Der Name «Ebnet» gelte zwar nur für etwa die halbe Heimat, die andere Hälfte sei steil und eher eine Halde. Aber eben, dabei habe man eine herrliche Aussicht.

Ich kann mir meine Freude nicht richtig anmerken lassen. Aber ich habe eine Freude für die junge Familie. Es ist gut, dass sie ein Zuhause gefunden haben – und dann erst noch ziemlich in der Nähe. Es ist auch gut, dass die Heimat nicht allzu gross ist, so dass die beiden auch noch auf einen zusätzlichen Verdienst angewiesen sind und mir vielleicht in Zukunft sogar wieder ein bisschen zur Hand gehen.

«Die Heimat ist zwar klein, aber sie wird uns alles geben, was wir brauchen. Zum Glück bin ich mich gewohnt, dass man mit wenig auskommen kann. Und ich bin Euch auch sehr dankbar, dass Ihr meine Maria ebenso erzogen habt.» Die Worte meines Schwiegersohnes schmeicheln mir weil ich spüre, dass sie vollkommen ernst gemeint sind. Aber ich frage mich trotzdem, ob das mit dem «alles geben» stimmen könne. Das kann doch bei diesem kleinen Flecken Welt und bei Marias Wunsch nach einem Dutzend Kinder nicht zusammengehen.

《 Sötts am Göld ligge, denn hani em Äsche obe all wide Äbed. Schaffe chönid e jo beidi gued. 》

An der Reaktion meiner Tochter und ihres Mannes sehe ich, dass die beiden meine Sorgen zwar durchschauen, aber keineswegs teilen. «Mutter, sehr gerne, wenn wir dazu noch die Zeit haben werden. Wir möchten aber in erster Linie Zeit für uns und unsere Kinder haben und hoffen, dass wir unsere Zeit nicht verkaufen müssen, damit wir etwas mehr Geld haben. Wir wissen zum Glück beide, dass wir mit nichts im

Geldbeutel sehr viel geben können und dass viel im Geldbeutel auch dazu verleitet, Dinge und anderes in seinen Besitz zu bringen, die man eigentlich – wenn man sich das genau überlegt – überhaupt gar nicht braucht.» Mein Schwiegersohn senkt bei diesen Worten seiner jungen Frau seinen Kopf, schaut seinem Sohn ins Gesicht und fügt leise an: «Wir haben alles, was wir brauchen und hoffen, dass es so bleibt. Aber Euer Angebot ist ehrenhaft.»

Wie ein Schmerz trifft mich die Erinnerung an die Zeit, in der ich wahrscheinlich genau gleich geredet hätte. Schön war sie, die Zeit, in der ich aus lauter Verliebtheit an die Allmacht der Liebe geglaubt hatte, die Unvorstellbares zustande bringen könnte. Ich habe meinen Frenz weiss Gott bis ... Auf jeden Fall haben wir sehr viel zusammen erreicht und aufgebaut. Aber das ging nur, weil Frenz auch an die Zukunft dachte und nicht selbstgefällig im Augenblick verweilte. Er war wirklich ein Schaffer und ich zog am gleichen Strick. Wir wollten immer etwas erreichen für uns und unsere Kinder. Wir haben das doch nicht nur für uns selber getan. Das müsste doch wenigstens der Schwiegersohn merken; alt genug wäre er.

Da bleibt mein Blick am feinen Gesicht meines kleinen Grosskindes hängen. Und tatsächlich mischt sich die leise Kritik am Schaffen von Frenz und mir wieder mit dem Gefühl der Liebe, die Anderes in den Vordergrund stellt. Genau solche Augenblicke, solche Gefühle der Vergangenheit entreissen mich der Gegenwart und mein Blick muss für ganz lange Zeit am feinen Gesicht des kleinen Josef hängengeblieben sein.

Jedenfalls ist es wie ein Erwachen aus, ja, wie ein Erwachen aus einem Traum, als Maria die Frage stellt, die ich noch vor einer Stunde ganz sicher abschlägig beantwortet hätte. Maria fragt mich, ob sie denn auch bei mir zuhause den Kleinen am Tisch stillen dürfe. Ich schlucke zwar ganz kurz leer, aber ich lasse es tatsächlich zu. Ich ertappe mich dabei, wie ich Maria auf die freigelegte Brust schaue und wiederum den Kleinen nicht nur beim Ansetzen, sondern erneut eine ganze Weile darüber hinaus beim genüsslich Saugen betrachte. Ein wunderbares Bild, das mich diesmal nicht nur in frühere Zeiten zurückbringt, sondern auch in die Zukunft. Ein kurzer Schluckauf des kleinen Josef gilt als untrügliches Zeichen dafür, dass er langsam satt ist.

《 Gsegedis Gott. 》

Recht lebendig sehe ich das Spiel der Generationen und der damit stets verbundenen Generationenwechsel in mir. Jahrtausende zurück wurde nie eine Generation ausgelassen, es ging immer, es musste immer ohne Unterbruch weitergehen. Und auch nach mir ging, geht es wieder weiter. Mir wird bewusst, wie kurz der Moment ist, in welchem eine Mutter den Hunger eines Kindes einzig mit ihrer Milch zu stillen vermag. Dass während dieser kurzen Zeit des Stillens jedoch noch anderes weitergegeben wird, das wird mir beim Blick in die drei Gesichter der jungen Familie zum ersten Mal so richtig tief bewusst. Zum Glück ist die Zeit des Weitergebens auch noch auf vielen anderen Kanälen als über die Brust ein Leben lang möglich. Muss man, musste ich jetzt dafür wirklich so alt werden? Und meiner Maria mute ich mit 18 Jahren schon zu, dass ...

Beim späten Zvieri scheint es gerade so, als ob wir Erwachsene dem Kleinen etwas abgeschaut hätten. Wir geniessen den Kaffee und das Brot mit der Marmelade in fast gänzlicher Stille, währenddem es draussen ganz langsam eindunkelt. Dabei staune ich über mich selber. An einem ruhigen Wirtshaustisch war, bin ich immer diejenige, welche diese unerträgliche Ruhe mit ein paar Worten unterbricht. Und jetzt sage ich einfach nichts, bin einfach still. Bin lange still.

Draussen ist es nun ganz dunkel geworden. Doch mein Herz scheint so hell wie schon lange nicht mehr. Nur ungern verabschiede ich die drei. Das «Lebid waul, Muette» tönt wie Musik in meinen Ohren und ich bin froh, dass es mir heute bei diesem Besuch meiner Tochter gelungen ist, diesen Schritt auf ihre Familie zuzugehen. Die Schande hat tatsächlich, wenigstens für den heutigen Tag, ihren ersten Rang abgetreten. Ich freue mich, dass sie schon bald wieder ganz in meiner Nähe wohnen.

《 Wa hend e gsäät, vo wenn aa sönd e em Ebnet vone dehem? 》

Kapitel 23

– 1925 –
Nann, Nann und Nann

Die Nann, ja die Nann, die mich im August vor einem Jahr mit ihrer kleinen Nann zum ersten Mal zur Grossmutter Nann und damit überglücklich gemacht hatte. Gestern Nachmittag war sie mit ihr bei mir zu Besuch und wollte mir zeigen, wie die Kleine schon zu reden beginnt. Gerade so wie sie selber vor Jahren, sehr früh und – wie ich immer sagte – dank ihrer Grossmutter, die immer Zeit und ein paar Worte für sie hatte. Gestern war sie mit der Kleinen und ihrer Schlafaugenpuppe, die sie damals von ihrem Vetter aus Deutschland bekommen hatte, bei uns in der Stube. In der Stube, in der sie selber während Stunden mit der Schlafaugenpuppe gespielt hatte und sie immer liebevoll in ihren Armen wiegte, wenn sie ihre Augen geschlossen hatte. Sie hatte gelernt, wie man ein kleines Kind liebevoll in seinen Armen wiegen kann, wenn Trost, Ruhe oder einfach Zweisamkeit angezeigt war.

Dabei hatte sie mir erzählt, dass sie sich schon wieder auf die Zeiten im Schäfler freue. Es sei auch so, dass sie wieder genügend Angestellte gefunden hätten, so dass sie auch diesen Sommer bestimmt nicht zu wenig Zeit für die kleine Nann übrig habe.

« Ond s'Schönscht ischt i mine Auge, dass au din Ma a euere Meedl e derigi Freud het. Wäsch no, do em Schöfle obe, wome verosse mitenand gschwätzt hend ond i dröberabi gange bi, ohni dim Ma «Bhüeti Gott» z'sägid? Han ii do e oguets Gfühl k'ha. »

Die Kleine hat es wirklich gut bei den beiden und ist von beiden geliebt. Es hätte auch anders kommen können, denn in der Schwangerschaft konnte man ja zeitweilig wirklich nur davon träumen. Der Traum ist wahr geworden.

Nann hatte für ihre strengeren Zeiten in der Zwischenzeit einen echten Tröster gefunden, den Herrgott. Es war, als ob ihr die Frühmesse in Schwende, die Begegnung mit dem Herrgott am Beginn des Tages mehr als genug geben könnte, um als Frau und Mutter glücklich zu sein. Manchmal war es zwar fast so, als ob ihr Mann eifersüchtig wäre auf diesen Herrgott, der ihr so viel Kraft geben konnte. Wie sonst war es zu erklären, dass der Mann am frühen Morgen beim Weggehen seiner Frau in den Gottesdienst immer mehr böse Worte fand? Wahrscheinlich war das der Grund, denn die ersten Schreie der kleinen Nann am Beginn des neuen Tages waren bestimmt kein Problem für ihn. Auch er musste in seinen Kindheitsjahren eine Schlafaugenpuppe zum Spielen gehabt haben, denn auch er hatte irgendwo gelernt, ein kleines Geschöpf in solchen Situationen ganz liebevoll in seine Arme zu nehmen. Da war er wirklich ganz Mutter, oder besser gesagt ganz Vater.

Es muss ein Versehen gewesen sein. Es kann nicht Absicht gewesen sein. Heute Morgen hatte er mit einem Spaltbeil nach ihr geworfen, als sie wie immer zur Frühmesse aufbrach. Doch sie brachte ihre Schritte nicht mehr über die Schwelle meines Nachbarhauses. Sie blieb noch vor der Schwelle liegen – nach dem Wurf. Sie blieb liegen, wie eine Schlafaugenpuppe. Nur gingen ihre Augen beim Aufheben nicht mehr auf. Sie werden nie mehr aufgehen, denn dieser Gang zur Kirche ist zu ihrem letzten Gang geworden, zu ihrem letzten Gang auf eigenen Füssen. Der schwarze Wagen mit den Pferden, welche die Ohren mit schwarzen Kappen bedeckt und die Augen mit schwarzen Scheuklappen abgeschirmt haben, wird sie schon in den nächsten Tagen auf ihrem allerletzten Gang zur Kirche begleiten.

Ihr Mann sitzt jetzt mit der kleinen Nann auf dem Schoss bei mir in der Küche und hat mir gerade davon berichtet. Seine Tränen in den Augen haben die kleine Nann ganz ruhig gemacht. Sie hat noch nicht begriffen, was da am frühen Morgen bereits geschehen ist – ich auch nicht. Mir geht es genauso wie der kleinen Nann. Ich weine nicht und ich scheine nicht glauben zu können, dass die mittlere Nann, die Nann zwischen ihr und mir nicht mehr da sein soll. Doch plötzlich beginnt die kleine Nann zu weinen – und ich weine mit. Die Traurigkeit hat uns jetzt alle drei für einige Zeit fest im Griff und will uns nicht mehr loslassen.

In der Zwischenzeit ist auch Johann Baptist aufgestanden und hat sich zu uns gesellt. Doch keiner von uns hat noch die Kraft, das Unaussprechliche auszusprechen. Laut schluchzend nehme ich meinen 25-jährigen Sohn schliesslich in die Arme und bringe die Worte über die Lippen, die ich in meinem Leben lieber nicht ausgesprochen hätte. Das kann doch nicht das Leben einer Mutter sein, dass sie die Hälfte ihrer Kinder auf den Friedhof begleiten muss. Das kann doch von einer Mutter nicht verlangt werden. Erst recht nicht von dem Herrgott, der in letzter Zeit so grosser Helfer für meine Nann war, zu dem sie sogar unterwegs war. Dieser Herrgott konnte sie bei ihren häufigen Besuchen in letzter Zeit doch nicht so lieb gewonnen haben, dass er sie jetzt schon ganz bei sich haben wollte.

Johann Baptist will seine Schwester sehen. Er gehe jetzt sofort zu ihr, man könne sie doch nicht so allein im Nachbarhaus lassen. Auch er scheint noch nicht begriffen zu haben, dass seine Schwester tot ist, dass ihr gar niemand mehr etwas antun kann. Doch, denn als Nächstes schlägt er vor, er gehe zuerst zur Polizei. Er hat sehr wohl begriffen, was da Schreckliches passiert ist. Aber zur Polizei? Jetzt erst wird mir bewusst, was das für den Vater unserer kleinen Nann bedeuten könnte.

《 Abe göll, du hesches doch nüd wele?
Säg, göll ischt en Ofall gsee? 》

Unwillkürlich schaue ich ihm in die Augen und sehe in ihnen grosses Leid. Viel, sehr viel nützt es mich, dass er es nicht so gewollt hat. Wie anders könnte ich sonst noch neben ihm sitzen, wie anders könnte ich ihm sonst noch in die Augen schauen? Unmöglich. Dass ich das beides noch kann, das tröstet mich zwar im Moment, aber der Schmerz ist trotzdem riesig und packt auch mich wieder mit voller Wucht. Der Anblick der kleinen Nann kann daran im Moment gar nichts ändern – im Gegenteil. Es könnte ja gar sein, dass das kleine Mädchen mit dem Verlust der Mutter auch noch auf den Vater verzichten müsste. Aber so können sie doch nicht sein. So kann kein Gericht urteilen, sollte es dann tatsächlich zu einer solchen Verhandlung kommen.

Johann Baptist geht, er geht ohne ein weiteres Wort zu sagen. Eine Weile wird es schon dauern, bis er wieder zurück ist, bis die Polizei da – dort sein wird. Bis dann müssen auch wir dort sein, wir, nein, die kleine Nann natürlich nicht. Ich wecke Emil, damit er zur Kleinen schauen kann. Auf dem Weg zum Nachbarhaus bin ich mir nicht sicher, ob ich nicht besser selber bei der kleinsten Nann geblieben wäre als zur mittleren zu gehen, denn Emil scheint über die Nachricht vom Tod seiner Schwester noch mehr erschüttert zu sein als ich. Doch ich muss jetzt mitgehen, mitgehen mit dem Mann meiner ältesten Tochter. Ich spüre nämlich, dass er eigentlich am liebsten davonrennen und sich aus dem Staub machen würde.

Ruhig, vollkommen angezogen für den Gang zur Kirche liegt sie auf ihrem Bett. Au, er hätte sie doch liegenlassen sollen, schiesst es mir durch den Kopf. Doch das hätte auch nichts daran geändert. Nein, sie soll ruhig auf ihrem Bett liegen. Langsamen, schweren Schrittes gehe ich auf meine Nann zu und die Gewissheit, dass sie ihre Augen nie mehr öffnen wird, lähmt mich vollends. Ich gebe ihr das Weihwasser, das ich mitgebracht habe.

《 Im Namen des Vaters, und des Sohnes, und des Heiligen Geistes. Fö die aame Seele. 》

In diesem Augenblick steigt eine Wut in mir auf. Ich schaue auf Nann. Ich bitte sie, mir diese Wut auf ihren Mann wieder auszutreiben. Sie schafft es nicht, ich schaffe es nicht. Auch ein langer Blick auf den Herrgott am Kreuz, das in der Mitte über den beiden Ehebetten hängt, kann mich diesmal nicht beruhigen. Das wird wohl, nebst allem anderen, eine weitere Aufgabe für meine Zukunft sein. Und wieder hat eine neue Schande ihren ersten Rang in meinem Kopf angetreten.

Kapitel 24

– 1925 –

Franz A., mein ältester Sohn

Es ist nicht ein Jahrestag, aber ein Monatstag. Heute genau vor vier Monaten wurde unsere Nann von ihrem Mann ungewollt dem Leben entrissen und ist seither nicht mehr unter uns. Der Schmerz sitzt immer noch ganz tief in meinen Knochen und ich kann kaum an etwas anderes denken, obwohl die Gaststube und die Terrasse voll von Gästen sind, die sich an ihrer Zeit hier oben erfreuen und viel Gelächter in meine Ohren bringen.

«Muss das jetzt sein, ich habe wirklich fast keine Zeit», sage ich dem jungen Bregenzer, der mich bestürmt, ich müsse unbedingt rasch mit ihm kommen. Er habe nicht weit weg von hier auf seinem Weg hierher eine schreckliche Entdeckung gemacht. Ich solle aber viel Kraft einpacken und wirklich möglichst rasch mitkommen. So gebe ich seinem Drängen nach und folge ihm schnellen Schrittes und ganz unruhig geworden auf dem Weg zurück ins Tal. Schon nach wenigen Metern, unterhalb des Brügglis in der Felswand wird mir klar, was der junge Mann gemeint hat. In der Steinriese unterhalb dem Brüggli entdecke ich einen Mann, der ruhig daliegt. Ich renne auf den liegenden Mann zu und schon beim ersten Blick in sein Gesicht scheint mich alle Kraft zu verlassen, die ich mitgenommen hatte. Ich umarme den liegenden Mann und lasse meinen Tränen freien Lauf. Wer kann denn zulassen, dass mich an diesem schönen Augusttag ein weiteres Unglück ereilt? Reicht das denn noch nicht? Vor vier Monaten war es meine älteste Tochter Nann. Nun umarme ich meinen ältesten Sohn Franz und muss an meiner Wange spüren, dass auch ihn die Wärme des Lebens verlassen hat.

Ich schaue hinauf zum Brüggli und sehe, dass das Brüggli noch da hängt wie immer.

《 Jesses Frenz, wa ischt denn au i di ini gfahre?
Bueb, wie chascht du me nebes Söttigs atue? 》

Es kann kein Unfall gewesen sein. Ich wusste bisher nicht, dass ihn die Geschehnisse der letzten Monate und Jahre so mitgenommen hatten. Ich wusste aber sofort, dass ihn sein schweres Herz hier liegen liess. Er hatte das Leben – er hatte seine Mutter und uns alle – freiwillig verlassen. Das trocknet meine Tränen kein bisschen, im Gegenteil, das nimmt mir noch das letzte bisschen Kraft aus meinen Knochen.

Die Tränen rinnen mir bei geschlossenen Augen über mein Gesicht und hinter meinen Lidern beginnen sich verschiedenste Bilder einen Wettkampf zu liefern. Tausende von Bildern schwirren mir durch den Kopf. Ich sehe ihn deutlich vor mir, wie er vor vier Monaten am Totenbett seiner Schwester, wie er vor vier Jahren am Totenbett seines ältesten Bruders, wie er vor 7 Jahren am Totenbett seines Vaters selber mit den Tränen in den Augen kämpfte, ihrer aber nicht Herr wurde. Offenbar hat er innerlich tief weitergeweint. Am wenigsten lassen mich die Bilder los, die sich vor gerade Mal einem einzigen Monat auch tief in mein Herz eingebrannt hatten. Es war wirklich schier unerträglich, ihn damals auf dem Friedhof von Schwende von seiner geliebten Louise Abschied nehmen zu sehen. Ich weiss, dass sich die beiden unendlich gern gehabt hatten. Sie war nicht nur eine hervorragende Kraft in unserem Äscher, sondern auch eine herzensgute Freundin. Jede freie Minute verbrachte sie bei unserem Franz auf der Altenalp. Vielleicht war sie wirklich etwas zu eilig zu ihm unterwegs und hatte mehr Franz im Kopf als den Weg unter ihren Füssen. Wie sonst hätte sie damals auf dem Weg zur Altenalp abstürzen können?

Franz war nach dem Tod von Frenz mehr auf der Altenalp als im Tal anzutreffen. Er hat die Berge, er hat die Alp geliebt. Vor allem auf der Altenalp war er sich selber. Er lebte mit seinen Schafen und Ziegen und war ihnen ein guter Hirte. Den Tieren zeigte er mit Absperrungen an verschiedenen Stellen auf, wo sie besser nicht weitergehen sollten. Mit wie viel Kraft und Einsatz hat er tagelang Steine zusammengetragen und den Tieren damit viele ebene Plätze zum Liegen geschaffen. Er hat ihnen damit Sicherheit und Ruheplätze gegeben und musste auch gar nie den Verlust eines Tieres beklagen. Am liebsten ging er mit seinem Melkkessel zu seinen Geissen und trug voll Stolz, mit einem Lachen im Gesicht und gar oft auch mit einem Jauchzer die frische Geissenmilch zur Alphütte, wo er aus seinem weissen Gold einen Käse machte, der bei mir im Äscher anerkennenden Zuspruch und reissenden Absatz fand. Aber auch für die Menschen, für die vielen Touristen war ihm seine Zeit nicht zu schade. Tagelang besserte er die vielen Wege auf unserer Alp in alle Richtungen aus. Er konnte und wollte nicht mitansehen, dass Polizist Wild weiterhin alle zwei bis drei Jahre junge, erfallene Männer und Frauen von seiner Alp ins Tal tragen musste. Als es vor vier Jahren wieder zwei junge Kantischüler aus Zürich waren, die bei den Altenalptürmen ihren Tod fanden, da begann er auch, die jungen Leute vom Vorhaben abzubringen, die Altenalptürme zu bezwingen. Sie seien zu schwierig und zu gefährlich. Und die immer besseren Wege böten genug Gelegenheit, den Gipfeln und ihrer Aussicht näher zu kommen.

Weil ich wusste, dass er eher auf die Altenalp zu den Tieren als in den Äscher zu den Gästen gehörte, verkaufte ich ihm vor drei Jahren die Alp. Dass er seither nicht mehr so oft bei mir im Äscher vorbeischaute, das schrieb ich eher seiner vielen Arbeit und seinem grossen Einsatz für die Alp zu als etwas anderem. Er kam tatsächlich fast nur noch dann bei mir vorbei, wenn er wieder ein paar Ziegenkäse bringen konnte. Dass ich dann oft nur für ein paar Worte für ihn Zeit hatte, das schien ihm zu passen.

Und jetzt liegen wir beide da in diesen Steinen und können einander gar nichts mehr sagen. Dabei hätte ich jetzt – trotz all den Gästen im Äscher – alle Zeit der Welt. Was bin ich nur für eine Mutter? Wieso habe ich nicht gemerkt, dass sein Herz so schwer war? Wieso besuchte ich ihn nicht einmal auf seiner geliebten Altenalp, wohin er mich immer wieder eingeladen hatte? Wieso habe ich seine Einladungen nicht als Aufforderung zu ein paar gemeinsamen Momenten und Stunden erkannt und diese Gelegenheiten auch wahrgenommen? Ich hätte doch – als gute Mutter – wissen müssen, dass das alles zu viel war für das gute Herz meines Sohnes. Ich hätte doch sehen müssen, dass ihm der Tod seiner Geliebten vor einem Monat die letzte Lebensfreude genommen hatte. Vielleicht ...

Ein leichtes Klopfen auf meine Schultern öffnet mir mit einem Schlag meine Augen wieder. Ich blicke Polizist Wild in die Augen, dessen Kommen ich überhaupt nicht wahrgenommen hatte. Ich hatte offenbar gar nichts gehört und ich wollte auch jetzt nichts von

ihm hören. Noch bevor er etwas sagen konnte schrie ich ihm ins Gesicht:

《 E törid min Bueb nüd mitneh. Nüd de Franz au no.
Nei, de Franz nüd, biitti ... 》

Ich muss meine Augen und Ohren wieder geschlossen haben. Und wie bin ich nur in mein Bett gekommen, in dem ich jetzt erwache? Einen Moment glaube ich, hoffe ich, geträumt zu haben. Doch Polizist Wild ist noch immer da, steht wahrhaftig neben meinem Bett. Ich mag nicht aufstehen. Nicht mehr. Noch nicht.

《 Herrgott, gad mit dine Hölf chani no emol döri häbe. 》

Schlusswort

Äscher Nann bediente am ersten Sonntag im Oktober 1937 zum letzten Mal Gäste im Wirtshaus Wildkirchli und am letzten Sonntag im Oktober desselben Jahres stand sie zum letzten Mal als Gastwirtin in der Stube des Gasthauses Äscher. Sie verbuchte dabei mit wunderschöner Schrift Tageseinnahmen von Fr. 30.– resp. Fr. 50.–. Einen knappen Monat später, am 28. November 1937, wurde der Äscher mit Weide und Hütte auf der Ebenalp für Fr. 50'000.– an die Wildkirchlistiftung übertragen. Nann lebte danach zurückgezogen und mit grossem Gottvertrauen in ihrem Heim auf Triebern, Hölzlers genannt. Am 27. September 1942 wurde sie auf dem Bergfriedhof in Schwende zu Grabe getragen. Dabei wurde ihr die seltene Ehre zuteil, dass ihr der Wildkirchliforscher Dr. h.c. Emil Bächler einen hochehrenden Nachruf widmete. Er sprach von einer seelenstarken, ausserordentlichen Persönlichkeit, welche dem Äscher & Wildkirchli während Jahrzehnten ein «heimeliges» Gesicht gegeben habe.

Beilage 1

Grabesrede für Frenz im Oktober 1918

Dr. hc Emil Bächler, welcher mit Frenz während den ersten Wintern des 20. Jh. in den Wilckirchlihöhlen Ausgrabungen gemacht hatte, hielt am Grab von Frenz auf dem Friedhof in Schwende eine ergreifende Grabesrede für seinen Freund. Dies ist ein Teil jener Rede von damals:

Ansprache

gehalten am

Grabe des lieben Franz Dörig

Aescherwirt

den 27. Oktober 1918

von Dr. E. Bächler, St. Gallen.

Verehrte Trauerversammlung!
Liebe Leidtragende!

Es ist ein überaus schmerzliches Ereignis, das uns hier unter diesem strahlenden Herbsthimmel in stiller Trauerversammlung an den geweihten Ort des Friedens zusammengerufen hat:

Unser guter, lieber **Franz Dörig** vom Aescher weilt nicht mehr unter uns Lebenden!

...

... So wird er allen unvergessen und in dauernd freundlicher Erinnerung bleiben!

Ich gedenke zur heutigen Stunde ganz besonders auch dessen, was der liebe Verstorbene mit seinem Freunde Köberle unserer Wildkirchliforschung gewesen ist, da wir droben den Spuren der ältesten Menschheits-Ansiedelung in der Schweiz nachgegangen sind in jahrelanger Forscharbeit. Welch große Treue, Kraft und Umsicht hat er diesem Werke bewiesen gerade auch durch eigene vorbildliche Mitarbeit. Welch feines Auge hatte er für alle Vorkommnisse und ein scharfes Verständnis durchleuchtete ihm auch den Sinn und Geist und den Zweck des Ganzen. Das wird ihm die schweizerische Wissenschaft allezeit hoch anrechnen!

... Und nun, mein lieber Freund, **Franz Dörig,** rufe ich dir ein letztes, herzliches „**Lebewohl!**" zu an den Ort deiner ewigen Ruhe. Zu früh, ach viel zu früh bist du von uns gegangen, wir hätten dich noch so viele Jahre gerne um und mit uns gesehen. Hab' Dank für deine Liebe und Treue, die du an deiner Familie, an deinem Land und Volk erwiesen. Wir werden dich nie vergessen und dein Andenken in allen Ehren halten!

Gott schenke dir die ewige Ruhe!

Beilage 2

Brief der Versöhnung im August 1924

Schon in der Woche nach der Geburt ihres ersten männlichen Gross-
kindes durch ihre Tochter Maria versöhnte sich Nann mit ihrem
Schicksal und dem ihrer noch jungen Tochter Maria mit Ehemann
Sepp und schrieb den beiden den folgenden Brief.

Beilage 3

Im festen Glauben an Gott und im grossen Vertrauen auf die guten Dienste seiner heiligen katholischen Kirche am Menschen stiftete Nann beim Neubau der Pfarrkirche in Schwende im Jahre 1929 im Namen ihrer Familie eines der beiden grossen Altarfenster.

Beilage 4

Weihnachtsgrüsse im Dezember 1939

Nann bekam – 2 Jahre nachdem sie sich von ihrem geliebten Äscher getrennt hatte – immer noch reichlich Weihnachtspost von ehemaligen Gästen und Freunden. Hier ein Beispiel einer Postkarte aus dem deutschen Reich.

Autor

Migg Hehli-Bischofberger

Migg Hehli-Bischofberger, geboren am 16. September 1962 in Appenzell, wuchs mit vier Geschwistern auf einem Bauernhof im Appenzellerland auf. In den ersten acht Jahren seines Lebens wohnte auch seine Grossmutter mit der Familie unter demselben Dach und wusste den Jungen mit Geschichten aus ihren eigenen Jugendjahren beim Äscher und Wildkirchli zu begeistern.

Eine Seminararbeit während dem Studium an der Universität Fribourg in den Jahren 1983 – 1987 brachte den Autor auf weitere Erkenntnisse im Zusammenhang mit der Geschichte der Berggasthäuser im Alpstein. Die Geschichte seiner Vorfahren und ihrer Taten und Zeit faszinierte den Autor nach wie vor oder immer mehr.

Als Vater von drei Töchtern, als Sekundarlehrer in Appenzell, an der Schweizerschule in Rom und seit 1997 wieder in Appenzell, als Projektleiter für das Frühenglisch im Kanton Appenzell Innerrhoden, als Lehrmittelberater und –autor für das Fach Englisch und als Bezirksrat vom Bezirk Schwende war die Zeit des Autors mit anderen Inhalten gefüllt.

Seit 2011 ist der Autor regierender Hauptmann vom Bezirk Schwende und befasst sich seither auch wieder intensiver mit seiner Gegend und der Geschichte seiner Gegend. Er hat dabei auch die Gelegenheit wahrgenommen, mit älteren Leuten seines Bezirkes ins Gespräch zu kommen und dabei festgestellt, dass mit jedem Jahr, das zu Ende geht, auch viel Wissen und viele spannende Geschichten von früheren Zeiten verloren gehen. Das war für ihn Anlass, die Geschichte seiner Urgrossmutter «Nann» wieder aufzunehmen, ihr intensiv nachzugehen und sie nochmals für eine gewisse Zeit festzuhalten.

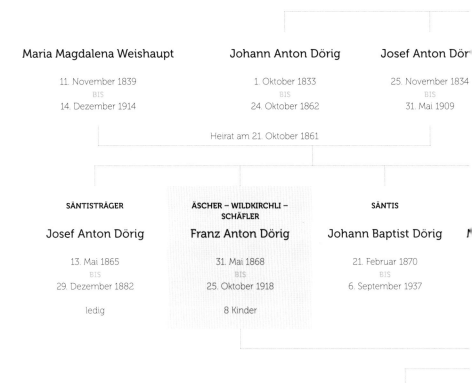

Maria Magdalena Weishaupt

11. November 1839
BIS
14. Dezember 1914

Johann Anton Dörig

1. Oktober 1833
BIS
24. Oktober 1862

Josef Anton Dör

25. November 1834
BIS
31. Mai 1909

Heirat am 21. Oktober 1861

SÄNTISTRÄGER

Josef Anton Dörig

13. Mai 1865
BIS
29. Dezember 1882

ledig

**ÄSCHER – WILDKIRCHLI –
SCHÄFLER**

Franz Anton Dörig

31. Mai 1868
BIS
25. Oktober 1918

8 Kinder

SÄNTIS

Johann Baptist Dörig

21. Februar 1870
BIS
6. September 1937

Franz Anton Dörig

24. Oktober 1892
BIS
26. August 1925

ledig